JUS DE GOYAVE
" À mon père "

© 2021, Christian Present
Édition : BoD – Books on Demand,
12/14 rond-point des Champs-Élysées, 75008 Paris
Impression : BoD - Books on Demand, Norderstedt,
Allemagne
ISBN: 9782322251711
Dépôt légal : Juin 2021

Rythme !
Expression !
La traversée en décomposition !
Décomposition ! Recomposition !
Le corps en décomposition !
Se recomposer pour poser pas à pas
Le verbe oser.
Le ciel est encore bleu
Malgré la gueule coincée dans l'étau
Encore quelques bleus à dompter
Malgré ma mère et ses recommandations.
Un verre d'alcool
Contre le sang qui gigote dans mes veines.
Ne cherche plus la couleur de mon cœur
Ma vigueur ne plaidera pas coupable.
Le jour est mauvais
La nuit est à craindre
La douceur de ces yeux m'a contraint à
déposer les armes.
Le verbe vivre ne sifflera pas trois fois.
Je t'aime ! Petit espoir à deux sous !
Elle a aimé
Je l'ai réclamé
Elle a essayé
Je l'ai aimé,
Et dormi dans la salle des pas perdus.
Encore un autre jour à absorber par la porte
du non-retour
Je reviendrai avec l'aquarelle du résistant.
La guerre est à deux doigts du bonheur
Le verbe esquiver me doit un salaire !

Je peins ma énième mélopée
Dans l'interstice que me lègue mon pain.
Qui vivra devra se taire !
Car la galère a encore faim.
J'ai remué le sucre et le citron,
Dans un verre de rhum
En attendant le sol glissant.
Ma mère rôde,
Le petit frère en exode dans sa petite tête
Et moi tonitruant dans les limbes de la solitude.
Os tremblants
Écharpes grelottantes
Deuil du morne brûlé,
J'esquive le froid
Le verre d'alcool est adroit.
La terre est inconnue pour mon regard nu.
Lèvres balafrées
Gerçures entamées
Le livre est ouvert.
Une vie sur un fil
Le vide n'a plus de cil.
À la nuit tombée
Ces seins bombés,
Réflexion de l'âme titubante.
Fenêtre béante
La mélodie du bonheur
Sous le gel du printemps.
Les doigts fragiles
Les pieds agiles
L'être docile

Franchir et partir
Énième conquête
Énième retour
La chambre est une merveille.
J'entends rire
J'entends des sourires
J'ai posé au pied du lit
La prière de cette pauvre femme.
Encore un chapelet d'amour
Encore une église à dissoudre
Je m'en vais le dos en paix.
J'ai fondu l'or de cet espoir
Choisir mon ailleurs
Avec le feu de mes mornes brûlés.
J'ai failli ne plus écrire
J'ai osé dépérir avec la foule.
S'accaparer le bon mot
Trouver le fil d'Ariane
J'ai erré sur une montagne.
J'ai bu la lave des on-dit
Solitaire et pénitence
Je partirai sans un souffle.
Le vent sera muet
Le vent sera encore coquet.
Le lointain et le baiser de l'incompris
Elle et moi dans un nous qui s'étiole
Elle ou moi et ma fille et ses pas.
Je ne suis pas loin,
Mon épaule est encore douce
L'amante et ses doigts
L'amante et nos études

L'amante et ma mémoire
L'amante et cette chambre
Retrouvailles et baisers
Nos corps sous un carbet
Notre sort et le congé du silence
Le feu n'est plus à convaincre.
Douces et folles envies
Ronces que j'aime
Oh doux profit de l'instant !
Oraison bienfaitrice
J 'entends rire
J'entends des sourires
L'ambiance n'est pas à la révolution.
La bienséance est hallucinogène
Évasion avec raison
Destination, escalader les murs.
Destination, errance et gaîté.
Devoir de l'homme et devoir d'un homme
Être jonché en haut du précipice
Et sauter sans avoir peur.
Qu'est que la chute si ce n'est que de rester statut ?
Vivre avec les phalanges de mon amante
Ma bohème est encore ensoleillée.
Je reviendrai ce soir
Je suis à la forge de l'espoir
Et guette cette envie de te revoir.
Je suis sous une vague de bonnes intentions
    Et j'avoue que ton corps et mes mornes me
                            manquent.

Là où je suis, l'arbre du voyageur dort sur mon épaule.
Mon amour,
Je reviendrai ce soir à la pleine lune.
Mon amour,
Ma bohème est encore câline
Je ne sais plus écrire
La nuit n'est pas aimable.
Moisissure de l'heure
Mot plat
Envie d'écrire ma querelle
La pérégrination est maternelle.
Mamelon, mon obstacle
Érudite pensée
Acrylique destin
J'ai erré dans l'abcès du bonheur.
Je suis venu et j'ai vu
Et je repars avec le regard de ma mère.
Mon père, sois sage !
Le paradis est infesté de on-dit !
Un bar, une femme et une dispute
Un verre, une bagarre
Elle a voulu forger l'incompris aux mille visages.
Ne sois pas désolé
Mais ne sois pas sans courage !
Un peu de pluie sous un peu de clarté
Avec un peu d'espoir,
La terre de ton cœur enfante encore,
L'humanité à travers tes pores.
L'amour d'hier soir et sa gorgée cantatrice ?

Qui vivra verra !
Parce que l'amour a encore convulsé !
La réjouissance de l'œil ouvert.
Quelques sous dans la besace
Comme une sale encoche
De la minute qui vieillit.
Une odeur de café
Pour sécher l'hacienda de tes pleurs.
Je suis le soleil de ta parole en friche !
Je suis ce quartier de lune, de ta voix qui se perd !
Perché au creux de ta mère patrie,
Donne à ton jour le Bèlè de ton cœur,
Quadrille ton corps
Dans un Ladja de bonnes intentions !
La nuit a été brutale,
L'heure est encore bestiale,
Tu cherches, dans tes bras encore bancals
Son corps un peu pal.
Sous une lueur de soleil insulaire !
Tu gesticules dans un, je ne peux pas faire !
Tu gesticules devant ton café amer !
Tu réfutes ta propre chair !
Le crépuscule se lève sur ta liberté.
Ton envie de croire à sa tété,
Contre le temps et sa fugacité,
Et le poids de notre unité.
Regarde-toi et sois fort !
Aide-toi de la cohorte !
Contre les on-dit, fracasse ta porte !
Sois la clef de ta propre paire de menottes !

Encore une barrière à franchir !
Encore une réprimande à ingurgiter !
Encore une pluie à affronter !
Encore une lame à sermonner !
Il y a des gens que l'on croise
Et des sentiments que l'on apprivoise,
Et quand tu relèveras la tête,
Il y aura des absences encore présentes.
J'écris pour toi qui est sur l'autre rive,
Écrire pour le joyeux poète ivre que je suis,
Écrire pour te voir vivre avec résistance.
Douce haine, épouse notre union !
Bâtir avec nos révoltes volontaires,
Le futur de nos progénitures solidaires.
Ma main-volcan
Apprendra à connaître ton corps-cancan !
Sous la torche de nos différences,
Je cueille le jour,
À califourchon, sur le sein de l'espoir.
C'est ton jour qui s'enfuit
Et c'est ma nuit qui nous unit.
C'est un peu de ton velours,
Quand ma colère te fait front.
De ton mal-être,
Je convoquerai la douleur.
J'ai dû croiser son regard pressé,
Près de ma joie en rut.
J'ai croisé mes doigts,
Pour plus d'amour dans nos regards de chairs.
Si tu sens que la parole manquera
À notre envie de nous voir heureux,

J'ai gardé un peu de tic-tac pour nos doutes !
Je veux être heureux !
Que cela soit dit,
Que cela soit fait,
Que cela soit accompli !
Rajoutez-moi des pétales !
Ne me demande pas d'être toi !
Je suis le lait de cette marche nuptiale,
Du vide imposé et de mon épopée inaliénable.
J'écris l'instantané
Sur le trop-plein de la feuille vide !
Instantané !
Pour vivre le bon mot,
Faudra s'écorcher sur la virgule d'après.
Une tasse de café et trois points de suspensions,
La chlorophylle de l'aube encore sclérosée,
La rosée du verbe jouir a osé.
Les murs du crépuscule sont à l'affût,
Instantané !
Ne me demande pas d'être toi !
Je suis l'instant qui naît dans le giron de l'innée.
Malmené ! Le sel de mon corps,
Piétiné par le sein écorché vif de cette femme.
À vos doigts satinés,
Je leurs offrirai des rimes aliénées
Pour ne pas divorcer.
Elle m'a soupçonné
Et quitté sous un œil tanné !
Baobab, le cœur de ma mère !

Poirier, le souvenir de mon père !
Et à l'ombre, les pas de notre amitié !
Colibri, et les battements de mon cœur choyé.
J'ai rêvé du sourire de ma mère à mon réveil
Et parlé au dernier mot de mon père
Pour que la magie opère.
Danser sur la lame de la nuit
Pour évacuer le mal qui te ronge,
Le jour se lèvera avec un peu de mensonge.
J'ai eu du mal ce matin,
Pour mettre mon doigt dans l'engrenage
Et passer la crème démocratique
Sur mon visage fabriqué.
J'ai besoin d'amour !
    Mais dites-moi à quelle heure dois-je me rendormir ?
À quelle heure que la tasse de café se casse ?
À quelle heure dois-je t'aimer pour que tu m'aimes ?
    La ruée vers l'amour, la pièce de monnaie entre les dents,
    J'y ai rêvé pour exister, les yeux et le cœur ouverts
Près du tombeau de l'espoir.
Famélique ton idée de vouloir être comme toi,
J'apprendrai à être moi !
Métronome de l'action
    J'ai encore le doigt sur l'interrupteur de ma conscience.
Tic-tac ! Tic-tac !

Ventricule gauche ! Ventricule droit !
L'ailleurs sur un plateau doré pour mon corps spolié,
Mon ici en pleine révolte
À chaque expiration et inspiration.
Vis ! Et apprends à vivre !
Lumina !
Et c'est le flambeau qui se rallume !
La poésie du révolté qui se lève,
Aucune trêve pour l'humaine ascension,
En orbite sur la petite aiguille
Qui affiche un peu plus que quatre heures du matin.
Les secondes s'égouttent
Dans les minutes qui cavalent.
Le miroir, tu l'écoutes les yeux fermés.
La prochaine étape de la folie,
Ce sera d'être amoureux de l'humain jusqu'à la lie,
Et casser le déjà-vu qui formate.
La vie entre mes doigts encore délicate
Je sermonne encore l'étreinte de mes doigts,
Autour de notre amour.
Les yeux ouverts sur les talons du soleil révolté
Je me sers dans tes vers et de notre future tétée.
Aujourd'hui c'est ton jour !
Aujourd'hui c'est à ton tour de te dire,
Je suis en vie !
Je suis à la porte de ce que je me suis souhaité

Et je t'ai chuchoté l'horizon que nous allons conquérir.
Nos ailleurs ne pourrons pas mourir sans conquête.
Partir pour ouvrir les portent qui se ferment ici,
Se battre pour se nourrir,
L'horloge est taquine
Quand la sueur renifle nos peurs.
Errer sans compter les heures,
Aide-moi mon Frère !
Sois bonne pour moi ma sœur !
J'ai eu un peu d'amour sincère
Après ce réveil délétère.
Le paradoxe est encore ambiant
Malgré le chant du coq téméraire.
Je me lève le cœur sec
Avec cette envie de vouloir te plaire.
Dans le bocal de la nuit,
J'ai percé le verre pour garder ton sourire
Au début du jour pour me nourrir.
Sur l'oreiller de l'aube,
Tes yeux encore endormis.
Les jours sont encore à polir
Pour s'aimer dans nos contours mielleux.
Aimer et convertir nos différences à l'essentiel,
Capable !
L'inébranlable palpable,
Ton corps granit est à chérir,
Sous la parole du jour enceint.
La nuit et son pouvoir !

Le soleil et son devoir !
Tes premiers pas !
Ton premier souffle !
Ta première hésitation !
Incompréhension puis vint la compréhension
Du tic-tac aguerrit.
Les débris de la lune,
Dans un peu de ce jour qui se lève.
La course de rats !
Les pieds au sol et le cœur en clef de sol,
Dans le nan-nan du big bang !
Dans le nan-nan du verbe !
Depuis le nan-nan du cordon ombilical !
C'est l'heure du signal !
C'est l'heure du récital !
C'est l'heure de ton premier mouvement !
C'est l'heure du chamboulement !
C'est l'heure de ton premier équilibre !
C'est l'heure de la rosée qui se retire !
C'est l'heure de toutes les saveurs !
Le café, le thé ou le tafia sans douleur !
Le Bèlè du jour,
Aime la Kalenda qui quadrille la mazurka
Sur un carreau de biguine.
Aime tes contours !
Avant que ne passe ton tour.
Le soleil n'est qu'une étape
Avant que la lune ne te rattrape.
Réveil difficile peut être
Après la nuit et son mal-être,
Je suis et nous sommes en confort

Dans une pleine lune qui dort dehors.
Je suis ce que je suis !
Nous sommes ce que nous sommes !
Et si dans un élan de solidarité
Ou si tu veux de sincérité,
Que tu reconnaisses notre humanité !
Que tu admettes la faisabilité
De l'union de nos diversités !
Que ta vie ne soit pas qu'observation !
Mais la recherche de ton équilibre
Et de notre sensibilité humaine !
Même si tu crois au paradis
Et de tout ce qui a déjà été dit,
Faisons corps et croyons à notre simplicité.
Que ta main tendue ne soit pas irritée
Par mon amour et sa bonne volonté.
Le soleil mijote, la lune encore envoûtée,
Le sol sous mes pas endettés
Garde un peu d'amour entêté.
Je t'aime ! Utilise-le avec dextérité !
Nous-nous aimons ! Belle difficulté !
Pour le verbe faire !
Pour ne pas me taire !
Pour l'amour vrai !
Malgré la fraîcheur de l'aube
    Je suis volontaire pour la sentence du verbe
                                                    vivre !
Sous la camisole de la syllabe qui formate
Je suis un révolutionnaire !
Je suis révolté pour te plaire !
Je suis volontaire pour notre nuit d'amour !

Malgré nos contours et leurs nouveaux parcours.
Je suis volontaire !
Pour ne rien attendre de toi !
    Je suis volontaire pour l'au-delà de ma frontière !
Je garde ta ligne de front en ligne de mire
Car je suis volontaire du bien vivre ensemble.
Aime-moi ! éclaire-moi !
Je suis volontaire de nos émois.
Je suis volontaire dès que le jour sera nu !
    Je suis volontaire pour le repos de mon combat !
Je suis volontaire en ayant le poing levé !
Je suis volontaire pour le grand amour !
Mais son abécédaire a pris le maquis.
Je reviendrai avec quelque débris de la nuit
    Chouchouter le très peu de secrets qui me reste.

Et toi ! Seras-tu volontaire ?
Je suis volontaire contre le pli de l'oubli !
Je suis volontaire !
Pour ma mère et son amour !
Je suis volontaire !
Pour mon frère et ses doutes !
Je suis volontaire !
Pour ma sœur et ses erreurs !
Je suis volontaire !
Avec mon père dans le cœur !
La main sur le cœur,
Tu auras beau implorer le ciel !

Genoux par terre,
Tu creuseras ton incompréhension,
Avec ton corps encore debout !
Tu chercheras encore ton souffle
Sur la mélodie de la petite aiguille,
Se déhanchant près de la trotteuse endormie.
Un peu plus que quatre heures du matin
Et quelques débris,
Je frapperai à ta porte, l'amitié à la main.
Mon ami !
Nous revoilà dans cette seconde qui bout !
L'union sacrée en fusion
Dans la matrice de notre terre.
Malgré nos frontières,
Je t'attendrai.
Poésie du partage,
Je te donne ce que je n'ai pas.
Posons nos on-dit,
Sur la table de nos bonnes intentions.
Poésie de la joie,
L'opulence et le vide-poinçon,
Une syllabe contre le mot macabre.
Que cela soit dit et accomplit !
Sans aucune obédience !
Avec l'humanité et ses aspérités.
Poésie de l'enfant,
Convocation de l'innocence
Devant notre sale besogne,
Il grandira dans le giron que tu lui offriras !
Il te scrutera avec son œil-gerçure !
Je suis ce que je suis !

Ma sueur est mienne
Dans nos instants paisibles mon ami !
Poésie de l'humanité,
Aimons nos cicatrices !
La poésie du beau,
La conquête de nos inimitiés,
Quand elle s'unit dans ton regard
Qui épouse le mien.
La poésie de l'amour,
Notre paradis est un cœur malléable.
Poings et mains levés !
Barricades à braver !
Le corps du despote !
L'heure de la révolte !
Nos yeux en laves !
Nos veines braves !
Nos voix et leurs gris !
Nous les forces vives !
Des bâtons à brandir
Des frontières à franchir
Essaimons l'amour
Gardons nos contours !
Du fiel pour geindre !
Du miel à répandre !
Qui vivra verra !
Je ne suis pas encore prêt !
J'ai peur de nos après !
Le pic de nos âges,
À l'abordage,
Avec appétit,
Nous forgerons l'espoir

Avec nos cœurs et nos cris,
Vers le peuple-Nation.
Courir ! Bondir ! Franchir !
Des verbes à conjuguer
Malgré la rime de la terre qui boitille.
Elle a dormi toute la nuit !
Il a crié entre les lignes de l'ennui !
Elle a eu le soleil comme mensonge.
Il a transpiré comme dans un mauvais songe,
Les genoux par terre pour comprendre,
Les yeux au ciel pour le verbe entendre.
J'ai gardé quelques syllabes pressantes
J'ai crevé l'amour qui formate !
Faut croire qu'elle paye le prix du doute.
Viens à moi femme de mes humanités !
Mon ami,
J'avoue que je suis très peu pour notre liberté,
Du courage, j'en ai encore !
J'ai une main tendue pour ton corps qui dort,
  Ne me laisse pas m'endormir avant que je ne
                                        t'entende !

Elle a du cœur !
Il a ses fourberies !
Elle a ses doigts
Pour connaître son corps !
Elle a fait ses détours,
Il a connu l'appel au regard discret.
Tremblotante sous une pluie sauvage
Elle possède son être.
Je l'ai connu, le venin au cœur
Contre sa bête noire.

Elle vit réapprendre à vivre.
Je l'ai entendu, elle m'a rendu une émotion.
Un sourire naquit de son être Phoenix.
La solitude et son nirvana
La gueule dans ses tripes
        J'ai encore le doigt sur la gâchette des
                            illusions.
La nuit est encore chaude
Ta peau est encore chaude
Mon cœur attend ton réveil,
Près de ta bouche couleur vermeil.
J'ai beau mesurer ton sourire endormi
Avec mes doigts si fragiles.
Mon rêve, ce petit bambin,
Parcourt encore ta convenance.
La rosée du matin coincée sous tes doigts
Me rend ma sueur-soleil.
Attiré par les projecteurs,
J'ai dû vivre avec l'alcool sous les réverbères
Avant de ranger un dernier mot
Dans un soutien-gorge.
Ne me cherche pas ! Cela ne te sert à rien !
Tu n'as pas l'habitude d'errer près d'un bar !
La lèvre anesthésiée
Par la solitude de l'homme sans un sou.
Le crachin du lendemain sans espoir
Puis l'impasse de cette femme en liesse.
J'ai eu l'œil avare,
Avant que mon cœur ne parte dans l'étau.
        Un je t'aime se lie au rien puis je crois à
                            l'alchimie.

Une gorgée d'altruisme pour enterrer
Ces corps vieillots.
Clap de début,
Garde la bonne fréquence
Et bombe le torse.
La mélodie du nanti
Tout en te caressant dans le sens du poil !
Décide pour toi !
Et accorde à ta mélodie le droit d'exister !
Accorde-toi et existe !
Aime tes différences et existe !
Je n'ai aucun doute sur ta volonté à vouloir
Monter sur le trône de tes rêves,
Moi ! Je !
Dépossède l'autre de ton je !
Sois !
Et garde ta majuscule au cœur de ta volonté !
Tu t'épuises à vouloir le pouvoir de l'autre !
Tu t'acharnes à être le bonheur de l'autre !
À avoir le bon pli pour cette course de rats !
Positive attitude,
Mais le taureau est lancé à tes trousses.
Encore ces rats !
Chaque fin de mois est un billot
Sur lequel ta tête est à leur merci.
Encore ces rats !
La gueule dans l'étau !
Accroché au format de leur révolution
Tu es rentré dans les rangs.
Tu arbores le drapeau du troupeau,
Ne me cherche pas dans la foule,

Tu n'as pas l'habitude !
Groove baby blues !
L'aube dans les bras de la certitude
Inonde ton plaisir à vouloir de tout !
Chaque miette est une éternelle giration
La rafale du vent !
L'enfant ! Le nan-nan ! La matrice !
Ma terre, mon précipice,
Ultime principe du souffle de vie.
Je reste à condition que ton silence s'en aille.
Que je reste ou que je parte !
J'aimerais que tu retiennes
Que ton seul ultimatum
Est d'évacuer les erratums de ton carpe diem
Dans un méli-mélo humanitaire.
L'alcool de tes désirs rendra fou
Celle ou celui que tu as décidé d'être !
Charnel et bestial,
L'Art et sa folie de vouloir toucher les cœurs.
Catharsis, exutoire de ces doigts pressants
L'œsophage de nos élucubrations.
Oui j'existe !
Oui ! J'ai bu à la fontaine des sentiers battus !
Rien pour moi !
Oui ! Une femme et l'usure de mon Art !
Oui ! Un homme et son format !
Oui ! Je ne suis pas comme vous !
Elle était là, blottie contre l'infortune,
Je la veux !
Mon cri lunaire !
Ma dévotion solaire !

Puis plus rien,
Routine outrancière
Solitude rocambolesque
Le sou et mes veines
Je me retire sur mes terres.
Solvable
Ultime lueur
Instants salvateurs
Cacophonies
Intime paradoxe
Demande refusée
Excusez-moi, je sors !
Éjaculateur précoce
Dans une poésie atroce
Je vais et je viens
Le sein est à ma merci
La verge du beau
L'encre-semence
Elle veut encore ma syllabe
Fraîche et vigoureuse.
Elle est partie repue et très remuée.
J'y pense encore l'âme-foret.
J'ai perfusé ses contours
J'ai écrit ses mélodies
Je lui ai fait l'amour
J'ai écrit sa rhapsodie
Elle m'aime encore
Je savoure encore
Le vol du papillon
Près de mes haillons.
Je lui fais encore l'amour

Le souffle du plaisir
Contorsions de désirs
Pluie et soleil sur nos ventres
Éjaculation d'un rayon de soleil
Masturbation de la lune en furie
La semence d'une étoile
Je souris, l'aube toujours à l'affût.
Jouir !
Spasmes du verbe vivre
J'ai joui à la lune claire
J'ai dû mourir au soleil-calvaire.
Le Phoenix n'existe pas
Mes cendres et la jouissance des mortels
Tout a été dit
L'interdit sous une arcane
Soubresauts de la morale
La folie et sa lie
Chacun sa croix
Supplice et paradoxe
Une énième tasse de café
Un énième autodafé
La lance de ta différence
L'ignorance la sentence
Ici l'heure court
Je suis un hors-la-loi
La révolution, je la déploie
Jusqu'au bout de mes doigts-briques.
Le soleil cavale
La pluie dans la salle d'attente
Une étoile sous mes pieds

Une main tendue rôde dans l'imaginaire tant espéré.

J'ouvre encore les yeux
Pour accaparer un soi-disant
Le vent souffle encore
L'échec, une réussite avariée
La réussite, un échec rentabilisé.
Au-dessus de ton épaule
Au ras de tes innombrables états d'âme
Jouir est devenu un verbe à pendre.
Ne me cherche pas,
Tu n'as pas l'habitude.
La poésie pour certain,
C'est juste une maison close
Pour savourer le coït de leurs egos.
À chacun ses sanglots littéraires,
À chacun ses déchirures.
À moi ce mot-bâton-pèlerin !
À moi ce mot-buveur sur tes plaies ouvertes !
Ramer sans pagaies
Souffrir le visage gai
Vous offrir ma dépouille
Avant que les on-dit me rouillent.
Je suis à frontière
Je suis dans la cale des galères
Transpirer l'os à l'air
N'a rien de convaincant.
Là-bas mon cancan
Sans un regard-prothèse.
Ici, la rivière suivra son cours
Sauf que son lit m'a promis

La vigueur d'un acarien.
L'œil encore sincère sur le tabernacle de mes horizons.
Le café du matin révolutionnaire
Calme les doigts du tortionnaire.
On ira ? Non ! Moi j'irai !
Une fourchette dans l'œil du déjà-vu
Je suis coupable du sang non versé.
Pour le reste, mes mains cavalent.
Un verre de rhum
Mon café-sérum
Liturgie de mon corps-sébum.
J'ai lu cette femme-capharnaüm
Sans un erratum.
J'ai bu ma joie-calcium
Dans une effervescence minimum
Sur une plage de mon île-Atrium.
Le saint coquin et la sainte vulve
Ils se sont réfugiés dans leurs paix intérieures.
La bave de l'orgasme
Le toupet de la vigueur
Odeurs de sainteté
Et voilà l'innommable
Les corps de mes semblables
Sur le sol, la mort s'étale.
Ni enfer, ni paradis à déchiffrer
La blessure et les gémissements s'acharnent
Le sang et sa lugubre mélodie
La danse de l'assassin et ses incantations
Ma paix est en guerre !
Je ne connais pas ton silence

Je connais la mienne et ses sentences.
Je suis un solitaire de la première heure
Tu chercheras tes lignes dans mes sueurs.
Il y a eu le fœtus et le placenta
Je n'étais pas là à l'aube de ton cœur magenta.
Je sais ce que j'ai reçu
Tu t'es noyé avec ton corps-massue.
On s'est rencontré dans l'alcool de mes rimes
On a bu et on a pleuré
On a ri et on s'est quitté.
L'alphabet du silence est palpable
On se reverra, même sans nos yeux.
Je me suis perdu dans son œil
Ma bouche et la gifle de mes turbulences
juvéniles.
Je reviendrai
Construire sa route
Des certitudes et des doutes
Une rime aliénée
Un verre de rhum sous apnée
L'enfer et ma bonne intention.
Mes chiens voraces et leurs bénédictions
La drogue est encore douce
Quand le mal nourrit la source.
Je suis l'amour et ses avaries
Un peu d'humour, la débauche sourit
Je vais, je viens, trop seul pour agir
La retenue contre le verbe mourir.
Il y a des heures-crotales
Des minutes létales
Ma seconde téméraire

Brandira l'épée du fort courage.
Oh sainte gourmandise !
Vautrée entre mille et une feuille,
Que ta bénédiction me soit savoureuse
Aime-moi avec toute ma hantise !
Cajole-moi de tes contours crémeux !
Mon souhait, ma raison
Et mes futures courbes
Dans l'anonymat du plaisir-désir.
Prendre le pouls de l'espoir
Mettre un garrot sur tes désirs séchés
Tordre le cou à nos distances
Et prendre la poudre d'escampette.
Tu as laissé choir ce que tu ne cesses de fuir
Écrire pour exiger le départ de l'excès !
Écrire et faire le tri !
Écrire pour gueuler le silence !
Écrire,
Mais évite de jouer entre les lignes !
Le temps te sert à forger la paroi de ton cœur,
Pas à le crever en élucubrations stériles.
Écrire,
  Je reviendrai après avoir vécu avec mon globe
                                       oculaire
Et mes mains ensanglantées.
Vis ! Évite de te frôler !
Mon cœur est encore esthète
Dans notre conversation discrète.
De ma falaise, le beau est à saisir
Mon corps est encore à attendrir
Je me jette au cou de ma vérité

Le combat est réel.
Elle s'enivre d'elle
Un ponton et ses ailes
L'océan buveur et un corps sur son rivage
La dernière scène d'une femme guerrière.
Me voilà devant vous
Public de mon cœur
République de mes sueurs
À notre histoire d'amour
Et à notre futur divorce
Devant l'accolade de nos incompréhensions.
Je suis coupable d'être devant vous
Mais je suis palpable,
Regarder mon cœur qui bat dans la mélodie de mes tracs !
Être devant vous est un choix
Quelques mots pour nos réconciliations
La chlorophylle est encore verte
Malgré l'abeille et son dard.
Public de mon cœur
J'ai perdu ta trace !
J'ai dû me faire une raison
Devant le gyrophare de notre étreinte.
Une dernière gorgée d'alcool
Avant de monter sur la scène.
Vous revoir me condamne à être
Meilleur depuis notre dernière rencontre.
Encore une énième première scène.
De nos résurgences,
Je vous aime.
Aux amants du monde

À la douceur de l'adultère
Un sein cachottier
Une vigueur pendant l'absence
Vis tes rêves
Sois un peu Cerbère
Le paradis c'est ton œil sur ton cœur
L'écho, un mauvais gouvernail
Vis, exécute ta toile
Sois maître de ta yole
Sois ton propre triangle des Bermudes !
Tes frontières ! Renouvelle-le chaque jour !
Morale coupable
Lambeaux de preuves
Infatigable barreau
Le verbe acquitter
La vérité et la cabale
Moralité insoutenable
Coupable incapable
Rien de palpable
Salle des pas perdus, rien à avouer.
Donne du cœur
Crever une veine
Déchirer le déjà-vu
Repousser la dépouille
Inhaler ce qui me reste d'humain
Encore une page à enfourcher et à pourfendre,
Pour garder le lecteur en chair.
Lecteur ! Sois-toi et marche !
Bacchus père aimant,
N'a rien perdu de sa vigueur !
Son élixir et ses joies sombres

Ses baisers se comptent en centilitres,
Je me perds dans ses bras-catacombes.
Une femme,
Un sein se souvient d'un visage.
Je suis un corps-sang
Sous un ciel-étau.
Mes mornes sont sans bruit
Fatale souricière !
Le temps et son dard !
Le plaisir de vivre
Fusillé à l'aube.
Elle est encore chaude
Ma douce chanson.
Elle s'abreuve encore
De mon squelette.
Rituel d'une syllabe
À la première heure
Je ferai l'aveu :
J'aime ma lame ! Je sais !
La pendule ! L'horloge !
Oh soleil ! Oh Lune !
Entre vos doigts-cœur
Mes pas tremblotants.
L'éclat du beau mot.
Le geste de trop ?
Barricader ! Oui !
Torturer ! Peut-être !
Un cri péléen !
Sans un sou ! J'y suis !
Compte sans mon cœur,
Le très peu de jours

Qu'il me reste à vivre.
L'heure est lumineuse.
Elle veut juste croire
Aux clous de son Dieu !
Une croix pour croire
Ce qu'elle ne peut voir.
Elle a de l'espoir
Il se laisse choir.
L'attente s'assèche
Au sommet d'un pieu.
Respire et tais-toi !
Respire et bats-toi !
Garde ton souffle.
En haut de la tour,
Sois ton propre ami.
Jette tes aveux-autres !
Jouis de l'instant ivre !
Une tasse de café.
Tes mornes sont en feu,
Le verbe est atrophié,
Tes poings à la gorge
Vivre avec son sang
Stérile mensonge
Jusqu'au crépuscule.
Vole en toi, ces inlassables peurs.
Accroche tes pas-lion
À la vie qui file.
Sois un sans-horloge.
Sois, fou ! Ambitieux !
Et honore ton moi.
Secondes et minutes

Comptent tes passages
Dans la case douleur.
Dans la gueule de l'heure
Tes yeux et leurs leurres
Chevauchent l'incompris.
Qui suis-je, sur ce sol ?
Le paradis sombre.
L'enfer œuvre entrailles ouvertes,
La mort râle en sueurs.
La nuit est vivante.
Le jour et son sein.
Exécute ta vie !
Gorge-toi de veines franches
Et de désirs suaves.
Sans chronomètre
Mesure ton humble être.
Je vais et je viens.
D'un moi en émoi,
Le monstre se vide.
Le nanti avide,
Crève mon fort courage.
Vous êtes en retard !
Une bouche à nourrir,
Mais à ce prix ! Non !
Misère glorieuse,
Je suis pauvre et riche
Je garde la tête haute.
Une voix en sourdine,
Fais comme ces ailleurs !
Cette folle rumeur,
Le travail est bon.

Le plaisir rend pauvre.
Un peu niais en friche
Je suis au piquet.
Attends ! Va et va-t'en !
La conjugaison !
Travaille ! Mange ! Meurs !
Un bouquet de fleurs
Un pot de départ
Un cercueil repu
La paix est en toi
Dis-moi ! Tu me vois ?
Question un peu bête
Partirai-je ? Certes !
Avec du plaisir
Accroché au cœur !
Oui ! À pleins poumons.
Respire et aspire
Un peu de folie
Ton maigre pécule,
Cher à ton cerveau.
Elle a disparu.
Sous les décombres,
Il a disparu
Dans les catacombes.
Elle et lui, humains.
Paradoxes ambiants.
Le monstre se vide
Son ventre est à l'air
Ses entrailles ferreuses
Me renvoie chez moi.
Oui ! Je suis heureux !

Je suis attendu
Une femme peut être ?
Belle solitude.
Deux femmes, et alors ?
Troubadour heureux.
L'alcool et ma peine
Je suis une bravoure
Épiez-moi encore !
À la fenêtre
Je fuis mon être.
L'indélicatesse !
Non ! Je suis un Dieu !
Je tombe quand je veux !
L'après est un sot,
Donnez-moi une croix !
Riez un bon coup,
Petits matins noirs !
Le monstre et ses crocs
Ultime combat.
L'homme est de corvée.
Sanguinolentes !
Les pensées de l'aube.
Tergiversations !
Survivre et mourir !
Non ! Épicurien !
Jouir et ses délices !
Vivre est un vicieux.
Secondes et minutes
Besogneuses à souhait.
À la barricade !
À feu et à sang !

Et le verbe jouir
Ne sera pas veuf.
J'ai entendu vivre
J'ai entendu rire.
J'ai vu survivre
Leurs pics dans mes côtes.
Mon mea-culpa :
Peindre ma révolte
Sur l'espoir muré.
La sueur de l'instant
Et le quimboiseur
Dans un peu de peur.
J'irai me chercher
Car je suis unique.
Corps-accordéons !
Vous l'êtes tous, aussi !
Je suis arrivé,
Sous un drap en lueur
Encore moribond.
Cette position
Sous un peu de pluie
N'est plus amoureuse.
Au pied de mon art
Les bras de la bête.
Ses phalanges éprises
Autour de mon cou :
Ton vacarme me tue
Donne-moi ton âme !
Elle sera là-bas.
Le troupeau est prêt !
Sois obéissant !

Et le paradis
Sur ton dos châtié,
Aura fière allure.
Agenouille-toi !
Mélopée morbide,
Petite querelle,
Solitaire, boueuse.
Juste une corde.
Bourrasque du cœur,
Pour pendre la lune.
Ignorance loyale,
Je persiste et dîne.
Une vérité à l'œil.
Un baiser d'amour.
Au bout de mes doigts
Au bout d'une idée
Au bout de mon beau
Le fruit se cueille.
La torche et l'envie,
Une chair ardente
Avec un peu d'or.
Le verbe saisir
Est à écorcher.
Parle-moi de toi !
De tes âges rêveurs !
De ta main douce !
Puis le verbe jouir a bravé ma lie.
Réveil très calme
Sous un poison sain.
Le temps est compté.
Révolution !

Elle est où ta chair ?
Il est où ton sang ?
Homme, femme et fils,
La panse est pleine.
Ce soir, sourions !
Dînons et mourrons.
La racine est belle.
Entre deux regards
Et sous les gravats,
La mort démembre.
Morts sous un feu calme.
Un piètre rêveur,
L'heure creuse coûte cher !
Encore mon salaire !
Seul sur la scène,
Un poignard de plus.
Je quémande encore
Cette humanité,
Avec mon suicide.
Oui ! Il est avide
Oui ! Je vous l'avoue !
Deux jours sans écrits.
Le corps poinçonné,
Le dos maltraité,
L'enfer est d'accord.
L'enfer est réel.
Le feu de l'écrit
Sous un vent glacial
Me nomme laquais.
Vas-y ! Cris ton cœur !
Poète à deux sous !

Tu ne sais qu'écrire.
Va brûler ton âme
Là où la souffrance
Se tranche la veine !
Vis ! Un peu de boueux !
Un peu d'ouvrage
Sous tes doigts très fins.
Laisse la mort rôder !
Taillade sa chair !
Enivre-toi d'elle !
Vis avec ces bras !
Sois bonne pour elle.
L'être n'est plus
Il fait déjà nuit,
Minuit à grands pas.
Le collier de l'aube
Serre encore mes lèvres.
Musique lancinante,
Je vous quitte peureux
La fleur à la main.
Le rhum et mes pas,
Une femme, mon poison !
Avare de ma mère
Une belle veuve.
À mon père aimant.
Un coup de couteau
À mon paradis.
Un pleur, un mouchoir
Sous une flamme.
Tout n'est que poussière.
Un bon mot pour plaire.

À votre foi d'être !
Avant de marcher
Sur votre bible :
Vivez chaque mètre !
Sans chronomètre
L'homme ferme les yeux,
Le corps dans une urne.
Le Phoenix sera.
Triste mensonge.
J'assèche ma plaie,
À coup de femmes
De grands verres d'alcool.
Je vole un livre !
Et un jeu de cartes.
La dévote m'aime.
Ma belle veuve,
Une heure sans un Dieu.
Une heure sans mes pieux,
Et voilà la scène.
Empoisonnement !
Emprisonnement !
L'éruption vaine
De mes révoltés,
Sous une lave.
Je suis ivrogne,
De mon caractère.
Je me suis battu
Je suis très têtu.
J'ai bu son beau cœur.
À l'abordage
Du verbe vivre.

Le port et ma route,
Partir à la ville.
Quelques courses, Ouidah !
Le bateau sans nom !
Amour du Congo !
Le pont ou la cale !
L'accueil des larmes,
Insulaire beauté.
Savourez encore !
Jugez-moi encore !
Jurez-moi encore !
Vos pas sur mon dos,
Lugubre spectacle.
Mon drapeau en berne
Ne me couvre plus
Ne m'égorge plus
Ne s'étonne plus.
La révolution !
Litanies de cris
La rue est vide.
Copeaux de chair crue
En équilibre.
Un doigt dans l'œil droit.
J'aimerais vous dire
Entre deux sourires
Que je n'ai pu vivre.
Le verbe s'enfuir
N'est pas attendu.
La danse du joyeux
Sous un ciel soyeux.
Le corps ennuyeux

Et son pesant d'or.
Cours petit drapeau !
Attente effrénée
Un chassé-croisé
Ferrailles contre chairs.
Une voix acerbe
Entre verbe et corps.
Absorbe et tais-toi !
Regarde et tais-toi !
Aime-moi ! Tais-toi !
Avale l'abcès
Qui ne pense plus !
Petit altruiste !
Cinq et une syllabe,
Six raisons de croire
À ma bonté crue.
Sale petit diable !
Escapade nocturne
La gorge ouverte.
Pensée inerte,
Oh virils instants,
Jouissez ! Convulsez !
Les poumons du vent
Épousent sa peur.
Une rafale
Un genou à terre,
L'ultime verset.
J'ai rêvé de toi
Au petit matin.
La houle d'un drap
La sueur a saccagé,

Mon très peu d'émoi.
Peuple souverain !
Corps et cœur d'airain,
Abuse de tes doigts !
L'aube n'est plus au calme.
La révolution !
Violence conjugale
Le verbe-poignard
Le pas est obscur.
L'évangile du sang
Je suis qui, pour toi !
L'heure est au soleil
La minute veille
La minute mue.
Tout est à craindre.
Croire en soi, une croix.
Le couteau désire
Malgré ton sourire.
Le couteau s'abstient
Malgré ton venin.
La bourse est pleine.
Ô Chers disparus !
Ô Souvenirs crus !
Ô Chers très vivants !
Ô Mornes domptés !
Ensevelissez !
Les larmes d'un père
Un je t'aime en berne.
L'émotion est noire
Belle accolade.
Je suis encore père.

La gorge sèche
Contre ce massacre.
À toi le lecteur
A mes interlignes.
Soyez mes espions !
Je suis poursuivi
Traqué et souillé.
Innocent, coupable
Redouté, fini.
La rivière coule encore.
Entre les rideaux
Je guette le sort
De ma colère.
L'excuse déchue.
L'irréparable !
Douce mélodie
Du verbe partir.
Question d'un pauvre
Question d'un riche.
Toujours sans un sou.
L'Éden et ses cernes
Vendre du rêve !
Je suis un soldat
Ma terre occupée ?
Canonisation !
Penseur de la peur
Manipulation !
Dérégulation !
Paupérisation !
L'humain s'assèche.
Un peu de pouvoir

Une pensée à boire
Crois ! Dors ! Un devoir.
C'est la croissance,
Voilà miséreux !
Je suis réveillé
Le pieu de la masse.
Une statue ! Un don !
Galop matinal,
Partir se nourrir.
Je ne t'oublie pas,
Île sous quatre vents
J'attends le mois d'août,
Ton air perspicace
Et notre belle lutte.
Sapotille moi !
Mangue moi !
Carambole-moi !
Corossol moi !
Dit-elle épuisée.
Instinct de survie
Justicier primaire.
Mon code de conduite,
C'est la résistance.
Parlez-moi d'amour
Visitez mes courbes
Abandonnez-vous !
Seins nus ! Hanches nues !
Servez-vous à souhait.
La dérive des corps
Sème leurs destins
Dans tes pas frileux.

Frontière mortifère,
Rendez-moi ma terre !
La mer est encore agitée
Sur mes mains moites.
Sur la terre ferme
La gorge éteinte,
L'espoir dans la gueule.
Sordides, tes fleurs !
Épineuses soient-elles,
L'idylle est osée.
Le bleu de mon île
Sous la torture.
Commémorations !
Contre et pour l'oubli.
Un ver puis deux vers
L'éponge et la craie
Il m'impose leurs crus.
Je suis coupable.
Cœur exécrable
Au cœur du procès
Quelques fois on juge.
Objection ! Je sors !
La fumée royale
Prête à divulguer
Son agacement.
Mai mil neuf cent deux
Regarde mes pores !
L'horizon défie
L'oraison barbare.
L'ici est ailleurs.
Mon éducation

Est une terre brulée.
Suis-je encore libre
De ma liberté ?
Terre de nos conflits,
Digue des on-dit.
Colonisation !
À double tranchant
Le verbe tonnant.
Le sang du courage
De feu et de chair
À l'assaut du bien.
Ténèbres et lumières
Cavalent dans mes lignes.
Griot de mes songes
Dans le flanc du jour,
La révolte accourt.
Il y a l'averse
J'ai aimé Bacchus.
Il y a l'amante
Petite peste !
Un peu de pudeur.
Carquois de l'homme bon :
Esquisse de révolte
Le verbe robuste
Une artère neuve
Un corps impérieux.
Je n'ai plus d'envie
À l'abordage de mon moi coupable.
Une serrure à craindre,
Volupté, passe-temps.
Ma gastronomie :

La routine,
L'empoisonneuse,
La rutilante.
Je suis, je suis fou.
Je suis accoudé
Le mot est ronflant.
L'esthétique du rien
Toi l'inattendue,
Ma douce folie.
Il pleut et il vente
Loin de la tourmente.
La crise se déguise
Dans les rues lointaines.
Ici ! Chairs et pluie.
L'acte créatif
Abandon récif.
L'acte créatif
Mon isolement.
Ma foule ! Carpe diem !
Elle m'a réclamé,
Ton corps près de moi !
Sois bon pour ma chair !
Plante-moi ta plume !
Dilemme mortifère.
J'ai été, j'ai vu,
Oui ! J'ai survécu !
J'ai été, j'ai tué,
Sur une pièce de bois.
L'énième pulsation.
Arithmétique !
La géométrie !

Que reste-il
Sur nos parallèles ?
Un verre pour se taire.
Petite routine.
Calme et vénéneuse
Exquise, téméraire
Mes mornes enflammés.
Petite peste !
Un obus serein
Contre la révolte.
Visages d'enfants,
Marteau et enclume
Sous une explosion.
Quelques mots perdus
Un samedi noir.
La grande bataille
De l'homme affamé.
Toi ! Tu n'en sais rien !
Le sou est très rare
Cinq doigts pour traire.
Surréalisme !
À la fin du mois
L'arithmétique.
Mes pieds sont à vendre
Mes reins sont potables.
Mon foie, sans alcool,
L'énigmatique.
Elle est où la paix ?
Petite routine
Exquise !
Vénéneuse !

Petite peste !
Un battement d'espoir
Un peu de lumière bienfaisante.
　Deux millimètres de cœur dans une marre de
　　　　　　　　　　　　　　　　　sueur,
Un millimètre qui nous sépare.
Le fœtus et le magma !
L'infini du verbe venir et ses vérités !
La résonance du verbe s'enfuir !
Va-et-vient incessant dans la matrice,
Instantanée la peur de l'affront !
Inné le désir de préserver
Le très peu de bonté !
　La fuite en avant comme exutoire du déjà trop
　　　　　　　　　　　　　　　　mal vécu.
Ne pas attendre le verbe venir.
Un mot à la main
Son tranchant au bout d'une langue
La mort se dispute la vie
L'hérésie et sa ferveur
La différence à la potence
La corde et son fourreau
Le cadavre et le bourreau
La pestilence et la trahison
La veine et ses aveux
L'amour et son ventre creux
Le mensonge et ses pieux
L'amour et ses vains cieux
Je viens et tu t'enfuis !
Je me suis habitué à regarder courir.
La rafale de vent a accouché d'une voix,

Une mélodie avec un peu d'océan,
Un bar, un verre,
Des refrains incandescents
Des applaudissements nourris.
Jouons aux amoureux !
Courons ensemble sous une clef de sol !
Une femme assise à côté de moi,
Je l'ai reconnu,
J'ai imaginé ses nus près de son goujat,
Je la courtiserai sous une autre lune.
Oui !
Un peu de rêve sans que je crève dans sa décence.
L'amant que je serai,
Lui dévoilera sa passion gueuse et sa voix grasse.
Ma révolution sous ses hanches,
Sans un délice précipice,
Je lui apprendrai à avoir froid.
La fuite en avant par la fenêtre du courage
    La marche de l'espoir avec un peu de boue
                           sincère.
Je ne veux aucun vide,
Je m'incruste dans la foule
Ni vu ! ni connu !
Mes pas dans la mélodie usurpatrice,
La révolution ou mourir.
Entre la lune et le soleil,
La réflexion accouchera dans le bénitier,
L'embryon des on-dit.
Encore une brise, rien n'a saigné.

Sur un piédestal, mes trésors reconnaîtront
leurs verres cassés.
Un cri dans la foule,
Le verbe ne se plaint pas du vide.
Corps à corps
Tête-à-tête
Cœur à cœur
Sueurs contre sueurs
Espoir contre espoir
Paix contre paix
La mélodie d'après est une inconnue.
Il, elle,
Une aile un peu subtile,
Moi et l'émoi d'un escroc
Une amante et ses crocs
Vérité peu convaincante.
Trop tard pour la complainte,
Aucune vitre à casser,
Pour être dans le cœur d'une femme.
Aucune chimère,
Pour accrocher mon cœur d'homme
Aux yeux de l'autre.
Le canevas du soi-même
Dans la marche du pas-à-pas.
Le loup et le berger,
La même écuelle pour se venger.
La brebis sous un ciel dictateur,
Reconnaîtra les siens.
Avec le bêlement sous un hachoir,
Je vis, je ris,
Car pleurer devient une source de profits.

Dans un coin de mes mornes,
Claironne ma révolution,
J'irai le cœur à la poitrine
Pour hurler tous mes cœurs morts.
Un peu de soleil pour ton corps froid
Sous une misère rude et quelquefois vermeille,
Une bombe a clamé son innocence.
Un peu de chaleur, un peu de paix humaine,
Escalader le trop-plein sans un cœur frais,
Je vous ai vu scruter mon impatience.
    Dites-moi, elles ont quel goût vos lèvres
             mortifères ?
Dois-je courtiser vos frontières ?
Une amoureuse de bons mots,
    Quelle est cette belle mélancolie qui vous
             honore ?
J'aimerais vous séduire,
Mais j'ai peur de construire,
La minute qui vous fera fuir.
Haïssez-moi un peu !
 Vous m'extorquez l'ultime faveur qui me reste
           pour être heureux.
Je vous aime avec le bruit des autres.
Le temps s'effrite malgré la magie de mes
mornes.
    Espaces clos contre une chlorophylle
            poussiéreuse,
    L'être accumule le peuple et son maigre
            pécule.
Pauvre comme une pièce sous une rouille,
La semence du travail bien fait,

Quelques billets sous une foule dense,
Rien à filtrer,
Jusqu'à ce que la vérité sorte de sa tanière.
   J'aime ma femme pour le meilleur et pour le
                                            pire,
La critique est salvatrice.
Le précipice égorgera le mensonge,
        La salle des pas perdus reconnaîtra ses
                                          enfants,
            Sur la ligne de front, mes petits soldats
                                        s'acharnent,
Sur la ligne de front,
Nul n'est à l'abri sous la gueule de la paix.
Avec un peu de guerre au cœur,
Le va-et-vient sous nos arches acerbes,
Nous sommes encore heureux.
Je vous assure,
L'orage gronde encore sous terre.
Calme tropical, l'orage sous terre,
Quémande vingt secondes d'attention.
La panique devient un rituel
Sous une latitude volcanique.
Un peu de pelée pour raviver la mémoire,
Nous sommes si humains malgré les
génuflexions !
Un signe de croix pour se consoler.
Un signe de croix pour éloigner le sol létal.
Un signe de croix vers un ciel bleu de carême.
   Un signe de croix aussi pour et contre nous-
                                            mêmes.
Un signe de croix pour le doute bienfaiteur,

Sois toi-même mon ami !
La nature est orageuse naturellement !
L'artiste dans la tourmente
Le blues de la main qui ne reçoit rien,
Le blues du cœur au bord du :
- Je ne sais pas ce que je creuse !
J'y arriverai avec l'amour de mon fils.
La gamelle vide, j'y crois encore ma fille !
Le cœur creux, d'amour insondable,
Les pleurs ne sont jamais vides.
Ils sont en chair,
Dans un silence quelquefois sordide.
La nuit devient morbide le ventre creux,
Heureux ! celui ou celle qui nourrit sa barque,
Sous ce bel espoir !
   Qui aime, vit pour se voir retirer le pain avec
                                      amour.
La passion vit, la passion s'écoule, la passion
tue !
Une pièce s'il vous plaît !
Un peu d'amour s'il vous plaît !
Je n'ai plus de toile !
Je n'ai plus d'encre !
Je n'ai plus de couleur !
Je n'ai plus de douleur !
Ton art ne paie pas ta gamelle !
Viens, suis-moi,
      Tu seras heureux avec ma cuillère dans la
                                    bouche !
Tu vivras mieux. !
Je sors et continuerai à souffrir

Sous un désir heureux,
Désobéir, la désobéissance !
Que sa terre soit abondante,
        Pour que mon dépérir puisse avoir de la
                              gueule !
Oui j'ai tout fait ! Tout essayer ! Tout
sermonner !
Tout brûler !
Ramasser les cendres qui restent,
Refaire sans forfait d'heures,
Le gîte de ma passion.
Vivre, c'est laisser la mort rôder !
Soyons heureux mon ami
Sous un beau trait, sans une forfaiture.
Heureux !
Mielleux !
Gracieux !
Soyeux !
Sous de beaux habits.
J'y rêve encore,
J'y suis encore,
Avec de belles œillères
Je marcherai sur la tête de ceux que j'ignore.
Pauvre est un adjectif sans âme,
Je ne mange pas de ce pain disent-ils.
Le peuple et le pic de l'humanité
Leurs glaives seront sans cécité.
Mississippi blues,
Blues d'un corps brûlé
Blues du pendu
Le blues et le mea-culpa du tortionnaire

Et ses regrets mortifères.
Blues d'un souvenir douloureux,
Blues de la danse des chiens sur mon corps,
Blues de l'esclave marron,
La liberté et sa gueule ouverte
M'accueilleront les veines ouvertes.
    L'oubli incandescent escorte leur verbe
              conquérant.
Je veux juste l'espoir
De voir ma famille à ma dernière demeure.
L'échelle est prête pour mes pas lancinants,
Pour mes heures heureuses,
Pour les instants où j'ai crié,
Je suis heureux !
Je veux me remercier avec mon propre espoir.
Et me voilà au-dessus du mur,
L'ignominie cavale de ce côté de la cloison !
Tu bâtiras ma porte avec ton cœur
Et tes bras indigents !
Je suis ce potentat et ce douillet,
Attendant mes répliques,
Je veux et ils voudront selon ma bonne foi.
Je suis un fils du ciel disent-ils, allègrement
Le cœur souillé de boue.
Le mur se veut perchoir,
Pour te voir mourir à petit feu !
Le peuple et ses bienséances
Se sont donné de la voix et du courage,
Pour l'ultime service rendu à la nation.
La route est encore fraîche et en friche,

Sans sermons, sans mensonges et sans fétiches.
Le corps repu
Sans un écu,
Je traîne encore les pieds
Je suffoque encore sous serment
Je respire sous une lueur de tremblement de terre.
La nuit est enceinte
On respecte la magnitude
On vient de l'affronter la peur au cœur,
Avec le sourire de rester en vie malgré son orage.
Encore une femme
Sans un dilemme
Sans un chrysanthème,
Un bouquet de roses
Sans un sourire-overdose
Avec un peu de nos chairs,
Aucune éruption de chair n'a germé dans mes aires.
Restons amis à la prochaine estocade du rien.
Je vous donne un peu de moi sans mes bras,
Nous sommes en paix.
Encore une femme
Mais quel est donc cet art, femme ?
Mon corps pour un prochain forfait, vous siéra à ravir !
Vous n'aurez pas à bouger le petit doigt !
Que d'amour pour ma gouverne absente.
Je vous aime et je vous hais à la seconde près,

Votre naturel me plaît à ravir !
Sortez de votre corps !
Que je vous-vois sous un réverbère cendreux !
Je vous ai démasqué.
Encore une femme !
Mais je suis l'instigateur de notre rencontre,
Elle me fuit
Je la suis
Elle s'essuie
Sans un sou avec un peu de suie.
Je lui parle des sueurs de son cœur,
Vous me plaisez bel homme dit-elle.
Est-ce que vous vous aimez,
Car moi j'aime ce que je suis !
Je chuchote mes paradoxes à voix haute,
Un peu goujat, un peu heureux,
Un peu sous le charme,
Mais qui restera après nos paradoxes unis ?
Je lui ai tenu la main
La chaleur de cette étreinte
Le soleil courtise la lune qui s'endort.
Femme je vous aime.
L'exil,
Partir à la conquête de soi
Partir à la rescousse de soi
Partir à la gorge de soi.
    L'exil et le péril guettent à chaque frontière
                                       franchie.
L'humanité et sa soutane me réconfortent,
Rentre chez toi ! Tes frères sont déjà là !
À tous ceux et celles que la solitude oppresse !

À tous ceux et celle que la misère broie !
À tous ceux et celle que la maladie ronge !
    À tous les employés œuvrant pour que la misère,
    Que la pauvreté et la solitude soient moins pesantes.
À tous ces enfants ayant le cœur en vie,
Quelques fois accrochés sans vie,
Je vous souhaite de joyeuses fêtes,
Que l'humanité ne soit pas une idée vaine.
À tous nos soleils levants,
Buvons ! Festoyons ! Enivrons-nous !
Demain ne sera ni vu ni connu.
Aime-moi, comme cette rafale de vent
Qui meurt à mes pieds !
Bon réveillon
Petits cotillons
Bonne coulée de sérum salvateur,
Bientôt Minuit,
Bientôt le ravissement de tes abysses.
Trinquons !
Jetons-nous du haut de la tour de notre être.
Nous nous aimons et nous sommes heureux.
Les cris perceront le bonheur enfanté.
Une grande table pour une famille d'érable
Un arbre de noël et ses mille lumières
    La remise des trophées pour les enfants chanceux.
On rit, on danse
Et la beuverie aura du charme !
On rit, on danse

Et le cœur est un doux vacarme !
On rit, on danse
Le sourire aux lèvres !
On rit, on danse
La vie dans les veines !
On rit, on danse
La joie sous un hiver chaleureux !
On rit, on danse
L'amour sous une pluie d'hivernage !
   Mais qui rendra à la veine famélique et
             désespérée,
Le tic-tac du soleil ?
Sous la danse de la lune grasse
Paradoxe d'une vie ogre,
Où vivre, c'est laisser la mort rôder.
Oui ! Vivre !
Est un mot au bout de chaque doigt !
Est un œil au-dessus de Narcisse !
La vie est belle
À chaque coin de rue,
À chaque décrue d'un ventre vide,
Poésie vive, coulées vives d'une vie ivre,
Contre la danse incessante de l'autre
Et de son doigt pointé.
Sur les aquarelles de nos différences
Donne-moi la main au lieu de saliver mes
courbatures !
Donne-moi la main !
Extorque-moi le vide-ogre !
En ces jours de fête
En ce jour-poinçon,

Mon corps hypocrite et ma langue qui l'abrite,
optent pour la génuflexion.
Relève toi pauvre sot !
Petit penseur à deux sous !
Tu es sans un sou !
Mon amour ne t'est pas destiné !
Épargne-nous de ta pauvreté !
Nous sommes bien méprisables mon ami,
Même embaumés la mort siégera.
Toi qui m'écoutes,
Sois heureux.
Sois heureuse
Sois ce que ton être te chuchote.
Que la fête soit belle,
Sans une querelle
Sans une bombe
Sans une machette.
J'ai encore une aiguille dans la veine
Je rêve d'un monde d'or et d'argent,
D'amour au secours des mauvais jours.
    J'ai encore quelques billets pour le passeur
                                  d'âmes.
L'océan sans un mea-culpa n'aura aucun deuil
                       pour notre vacarme.
    À travers ses échanges, nos corps-à-corps
                                   cavalent,
Dans un je te tiens, tu me tiens bruyant.
Une veine au sol
Un œil sculpte le ciel
La vigueur du beau sous un doigt
Une couleur sous un couteau

L'abécédaire et ses hésitations.
C'est la danse du toucher et du sentir
C'est la danse de l'aurore sur une terre brûlée
C'est la danse du crépuscule sans une lune
C'est aussi les murmures d'une terre cuite.
La danse du jaillissement de l'inattendue,
D'une couleur réclamant sa vérité à une toile.
La danse du bois sous un ciseau.
Un copeau de bois exclu par le verbe poli.
Dans tes intimes, la voie de l'extraordinaire.
Une lanterne sur chaque œuvre
Une sculpture contre le verbe, oublier.
Les couleurs s'affrontent
Et l'envolée est un arc-en-ciel -comète.
      Leurs pas nous scrutent, nous pointent du
                                                 doigt
La chlorophylle se plie sous une rafale.
Le rouge poinçonne le noir
Le feu est un bleu assis à la table du rouge,
Sermonnant dame furie.
Jouir avec les draps de l'année présente
Et épouser l'année d'après.
Aimer, se poser, recevoir et conquérir !
À la conquête de la nouvelle année
Tu lui sauteras à la gorge,
Pour être le premier sous ses jupons,
En lui criant ! Sois bonne pour moi !
Tu diras à la nouvelle année
De te couvrir de fil d'or et d'argent
Pour construire ton rêve d'or.
Tu demanderas à la nouvelle année

De te donner du pouvoir sur ta destinée.
Tu demanderas à la nouvelle année
De chérir tes amours, tes audaces
Tes enclumes et tes fuites sans un affront.
Tu demanderas à la nouvelle année,
Passe ton chemin ! Je construirai le mien !
Tu demanderas à la nouvelle année,
Je veux vivre en paix,
Le refuge sera une église !
Tu demanderas à la nouvelle année,
Que tes génuflexions soient entendues,
Que ta croyance soit une coudée franche
        Et que ton café du matin soit un midi
                        ensoleillé.
Tu demanderas à la nouvelle année,
Un peu plus de pain sans un obus,
Un peu d'eau sans une écharde dans le dos.
Tu demanderas à la nouvelle année,
Un peu plus de chair dans le mot amour !
Un peu plus de chair dans le mot paix !
Tu demanderas à la nouvelle année,
Ton union sacrée avec toi-même,
Et de garder ton privilège avec dame nature.
Tu demanderas à la nouvelle année,
Mon ami pourquoi me haïr encore
Je suis un homme de bien qui s'en sort !
Je suis un mal à la fenêtre du déjà vu
Que tu laisses choir sans un mot !
Tu demanderas à la nouvelle année,
De te couvrir de mélodies, et de beaux dires,
D'être l'artiste que tu souhaites être !

Tu demanderas à la nouvelle année,
Ensorcelle-moi encore !
    Je n'ai pas cuvé mon vin devant la croix de
                              mes espoirs !
Tu demanderas à la nouvelle année,
Garde-moi de mes fougues sanglantes !
Garde-moi de mon amertume !
Nous avons tous un don à faire à nous-mêmes,
Pour épurer nos paradoxes
En un amour certain, pour la paix.
Utopique ! Esthétique !
La bataille est de haute lutte
Soyons une paix en rut.
Tu épouseras l'année présente
Avec tes imperfections,
Tes petites attentions
Où l'appréhension est une boule au cœur !
Tu épouseras l'année d'après,
    Car tu n'as pas pris le temps de vivre cette
                              année !
Oui ! Tu as décidé d'oser !
D'être un bras sincère à la place du cœur.
Donner ! Pourrir ! Recevoir !
Je navigue entre les lames,
Tout est éclat, calme et jouissance.
Tout est beau, et l'humain est un bel être !
Choyez-le !
Crevons nos ardeurs à vouloir égorger l'autre !
Le paradis c'est toi et moi !
Avec nos rétines vivantes
Sur un sol bouillonnant.

Nous épouserons l'an deux mille dix sept
Car il n'y avait pas de laves en deux mille seize,
Car enfermé dans ta maison de verre,
Tu avais peur !
Le verbe ne se plaint pas du vide.
Le corps reçoit
L'essence de chaque syllabe,
Le vécu de chaque mot prononcé.
Ni corps à donner !
Ni cœur à abattre !
L'exaltation est à son paroxysme !
Le poète se livre, s'enivre et se délivre.
Du haut de la tour, l'ivoire n'est plus.
Tout est dépecé, hachuré
Chasser le naturel
Et une rafale de vent piétine votre destinée.
Le mot est sincère
La couleur est béate
Et les toiles d'une humanité restent cinglantes.
           La lutte du connais-toi, toi-même est
                                  enclenchée.
Vivons, redressons l'échine de notre moi.
Les jours se suivent
Avec leurs débris collatéraux.
Tu as tant de chose à te dire !
Tant de choses à sculpter !
Tant de ratures à effacer !
Tant de cœurs à écraser de paix !
Tant de lumière à créer !
Tant d'objectifs malgré les récifs à franchir,
Tu dois faire front.

Les secondes sont de métal contondant
Car tu as soif, tu as faim,
Tu as faim tu as soif !
De savoir !
De connaître !
De découvrir !
De sentir !
De renaître !
De vivre !
Je n'ai plus rien à vous dire
Ni de nuage à vous donner
À mon âge, plus de sevrage comme adage
Le gris a remplacé le bleu
Mon cerveau n'a plus de format
        La liberté de penser à garder ses cordes
                                        vocales
Déterrer le menhir
Mais avant de le saisir,
Partager l'absence-empire.
Qui suinte dans le verbe partir
L'ailleurs ne sera pas pire
L'autre ici aura du sourire
L'éloignement n'est pas à proscrire
D'autres cieux et veines sont à chérir
D'autres scènes à affranchir
Il n'y a pas de verbe courir
Juste l'instant à pétrir
Avec le cœur-menhir.
Et je rêve encore
Près de son sommeil d'or.
Trop de poésie pour ce matin

Le coq et sa gorge en festin
Réclame mon réveil sous la brume.
Un baiser et un cœur qui s´enfume,
Je m´en vais au cœur du système
Égorger la liberté-chrysanthème.
À l'assaut du peuple
À toi mon peuple de bravoure !
Que le sang s'agite
Dans les veines tordues de l'espoir
Sur le trône du rien
Le sceptre du rien.
Poignarder le rien
Rien ! Prosterne-toi !
Poèmes et sexe
Vers et langues
Lèvres et index
Nos corps et leurs gangs.
Le perplexe tangue.
Sans un sou
Dans un hésitant dessous.
Deux fois plus
Et encore reclus.
Un artiste qui se livre
Inutile ivresse
Que tu inhales en silence
Écrits du jour
Sursis en cours
Prières pendues
Langues tendues
Bonjour du matin
L'âge et sa misère

Opulence et silence
Romantisme et rimes
Oui ! L'amour existe
Oui ! Encore une femme
Oui ! L'océan a encore dîner
L'autre a encore été accusé
Partir et pétrir
Périr et revenir
Une boule de cristal sanglote
Je suis l'ivresse réclamée
Je gigote encore les yeux ouverts
Éjaculations embrassées
Cœur et pouls
Encore par les pores
Jouir et rester
Bonté énergisante.
Sexe et amour
Une crique et du sucre
Luxure peut être
Deux corps inconnus
Peut-être toi, peut-être nous
Jouir et fuir ! L'un sur l'autre.
Entre nous,
Doigts endormis
Ruelles et réverbères cassés
Déguster la misère avec un bras en moins
Discussion avortée
L'oubli hachuré
Plaies ouvertes
La morale et mon inertie
J'ai soif ! Un verre de tafia !

J'ai faim ! Un peu de pissenlit !
Il fait beau ce soir
Il a plu sur nos corps
Il fait beau ce soir
La pluie est nécessaire
Il fait beau ce soir
Ton corps s'est tu.
Une petite promesse
Dans une ruelle étroite
Je suis heureux et un peu moite
Rien à sermonner !
Tu as souris.
Nous nous embrassons
La lave coule encore
Le berceau sans un sous
J'ai écrit au fond d'une ravine.
Elle m'a conté sa crue
J'ai épousé la roche
Le soleil est revenu
Sous un ciel vorace.
Je, est atroce !
Et encore précoce !
Un autre embryon à conquérir
Oui ! Le cordon est encore vivant !
La prophétie du poète encore amère
Le sucre de canne et l'océan auront bon goût.
Dans la grisaille du petit midi
Avant le vol de mes derniers orgasmes
Avant l'envol de mes derniers spasmes
Le corps de cet estropié devant ma porte.
Ces ricanements sans éducation

Cette autre sans moi
Ce sans-un-toit
Cette colline boiteuse
Je suis encore ce ventricule droit
À l'abordage du ventricule gauche.
Cet amour écervelé
Mes doigts à nouveau adroits
Sans une once d'encre.
J'attends mes pieds-horizon
Ruelles et réverbères cassés
Déguster la misère avec un bras en moins.
L'horizon avec un œil crevé
L'ailleurs et l'ici chahuté
Vivre debout
Ronger ses doigts
Bâillonner ses lèvres
Crier en haut de la falaise
L'espoir et ses contrebas
À cette étoile et à mes phalanges
La frontière du paradoxe
Le poison du verbe vivre.
L'ivresse.
La danse du silence
Transhumance,
Je suis fils du monde
Le doigt ici et ailleurs
Le corps en cri
Je suis épris
L'ivresse de l'inattendue.
Le poing levé
Le pont de l'univers

Le cœur sur une toile-artère
La vague et la patrie
L'écume et le tri
L'histoire-vigie et les rescapés
Vivre est une épine à la hanche de l'ignorance.
Érotisme !
Éloge pacifiste
D'un doigt altruiste.
Corps égoïstes
Les spasmes insistent
Un quignon de nudité
Le voyeur et ses effrois
La morale et ses humanités
Je te tiens ! tu me tiens !
La sérénité est une courtoise.
Le regard n'est pas ailleurs,
Vois ce que tu hais sur ton corps-furoncle !
Élucubration d'une rivière asséchée,
La vase comme pécule,
Exclame-toi petit verbe ridicule !
Il existe encore des lieux-brouillons,
Des je ne sais plus si tu existes,
Des mots aux phares cassés,
Des trous de mémoires lassants,
Des insultes à oublier,
Des joies à broyer,
Oui je suis heureux !
Regarde ma panse chanter sur une note déchue,
L'espoir m'évacuera
Sous une mélodie-torche.

Je crois en mes pas
Vides, boueux, même riches en vains sermons,
Solitaires, précaires,
Morts et roulant sur l'or.
J'ai un corps à faire vivre mon ami
Sans un mot futile.
Oui, brûle-la mon ami !
Sermonne-la, ma belle amie !
Éduque-toi à vivre !
Je t'entends déjà avec tes qu'en-dira-t'on
Avec la bannière de l'autre au milieu de ta révolte !
Tu as les pieds lourds
Le plomb s'est entiché de ton plaisir à être toi
Un colibri, un vautour, un merle
Un bourdon, un gourdin, une lame,
Le cœur éclaté,
Tu meurs au milieu de leur choix.
Une esquisse et l'épitaphe est heureuse.
Le rire est à la fin de la grève.
Un sourire est à côté d'un drapeau en berne
Demain le rouge sera un corps bleu ciel.
La poche pleine avec le bleu des autres
Triste spectacle des ventres encore asséchés.
Le traître se balade le ventre courageux.
Rien n'a suinté au large
La mer est encore basse
Avec des corps pénibles.
Ce n'est plus mon affaire !
Je me suis déjà jugé.
Une barque, lugubre présage

Un survivant affalé sur le sable
Mort ! Sous une écume vorace !
Corps à corps sous une houle arrogante.
Assise, la bedaine humaine
Pas un cil n'a bougé
Encore moins le fessier humain
La politesse est une phrase eunuque.
Éclats de rires !
Inutiles sbires
Une main notoire
Aveux ?
Acrylique poétique
Malgré le froid
L'effroi n'est jamais loin.
On croise les doigts
Et on tend les bras,
Pas d'honneur pour le verbe déjà vidé.
Énergie d'une fenêtre ouverte
Le vide n'a pas bougé
Le soleil dans une chaussette trouée
Attend le déluge
De la poésie de ma terre brûlée.
Haïr et se livrer
Refouler et désirer
Je vous quitte !
On se détache
J'esquive et lâche
Voile de solitude
Le Solitaire est à l'étude
Une statue sur le départ
Je suis sur les remparts

Le soldat pleure.
Le sourire dans les poings
Je suis heureux
Vivre n'est pas une ville creuse.
Pourquoi moi ?
Pourquoi toi ?
Pourquoi nous ici ?
Tentaculaire cette idée de partage
Je t'aime sans amertume
Mais nos va-et-vient manquent de courtoisie.
Citronnade sous un peu de soleil
J'y rêve encore sous une froide canicule.
Je vous avoue qu'entre vous et moi
Juste un pas pour égayer nos souffrances,
Donne-moi la main pour ouvrir nos âmes !
Cœur contre cœur la grisaille aura bon goût.
Cieux contre terre, le bonheur maculé de sang
Se débarbouille sous le soleil de midi.
Déjà minuit, journée sans majuscule
Je m'endors le rêve à la main.
50° pour voir la vie défiler
Un autre couplet pour cette fille qui dort.
    Couplet pour nos idées sans une feuille de papier.
J'ai gardé mes mornes sur ma peau
  J'ai masqué mes pleurs avec le sourire de ma mère.
Mon père parti trop tôt,
Peut-être pour que puisse partir plus tard.
En attendant le train file
On y mettra notre poids de poussière.

Une gare, destination inconnue.
Partir, souffrir et conquérir le verbe dépérir.
Elle regarde ailleurs avec mon verbe blottir
Escapade brève, j'ai renoncé à ses tourments.
Réveil matinal,
Où l'horizon n'existe pas.
C'est le récital des pas perdus
Les minutes s'affolent
Les secondes explosent
C'est la révolution de la sueur
J'ai peur, je deviens fragile.
Ma femme m'aime
Et je ne suis plus cet homme agile.
Je deviens frêle et mon cœur est une ordure !
Course poursuite entre tes mains et mon corps
Je te veux ! Tu me hais ! Tu me plais !
Et nous sommes devenus détestables.
Le cerveau à moitié saccagé
Je ne suis plus moi même
L'horloge de la bonne pitance est à l'heure.
Je me suis épuisé a aimer sans armes
Je me suis battu avec le baobab.
Le soleil dans la gueule
Et ses griffes sur ma peau.
La lune encore endormie
Réclame son dû.
Je sors car tout le monde dort
Je te tourne le dos
Petit voyeur a deux centimes !
J'ai rêvé d'une nuit sans larmes
Ma mère a encore prié pour l'inconnu

Je me suis détesté
Quand cet autre m'a tout pris.
Croupir dans une poubelle pleine
Où tu dois faire déborder le couvert
Il y a des jours et ce sentiment macabre.
Adolescence
Heureuse pitance
Je vais et je viens
Insouciance et mornes robustes
Fruits dans les veines
Chaos inexistant
Je suis
L'ici et là-bas
Dans une minute espiègle.
La mort rôde près du poing levé
Le ciel révolté est une matraque
    L'odeur de sainteté vogue dans une parole
                                          inerte.
Boukman est encore debout
De la chair et des cases brûlés
Dans un coin de mémoire à fond de cale.
Invectives lancinantes et murmures !
Sourire d'une mère et murmures !
  Mais combien de fois dois-je périr au pied de
                            leurs mensonges !
    Des fruits bizarres suspendus aux arbres et
                                murmures !
Tuer pour fuir
Se soumettre pour fuir
Oui ! le verbe fuir est enceint !
Pensée chaude pour tête froide.

Avoir l'âme soluble et murmures !
   Arraché ma part d'espoir dans la gueule de la
                                          liberté !
Soleil couchant
Lune endormie
Sanglots et murmures !
Joie inaccessible par l'impossible condition
Rêver avec la peau lacérée
Je n'ai jamais connu mon aïeul
Mais je pleure les larmes de sa capture.
Abolir pour mieux polir mon idée de liberté
Ils ne l'auront pas !
Je griffonne dans un peu de boue
Le mea culpa de ma servitude.
Encore une torche pour cette nuit
Je suis retourné à Chalvet
Visages et fusils !
Du pain contre du sang !
Le rhum et la poussière !
L'oubli et mes artères
Rituel récalcitrant et murmures !
Je suis l'inconnu de ta mémoire mise à nue
Le poète et l'enivrement
Leitmotiv indomptable
À un centimètre de la lame.
Mon Afrique m'empêche de vieillir !
Rester légal, dans ce récital ou tout est létal,
Lumina ! Ma berceuse du soir
Rêve du bateau Sans Nom
Réveil sur les falaises de Bandiagara.
Ma mère et son âge

Je ne suis plus fou
Mais la mort était déjà présente.
Clap du non-retour
Tergiversation de mon être du jour.
Mettre le verbe jouir sur la table.
Ils ont aimé et je suis sur le départ.
La feuille à la main
Vos regards sans lendemains
Mais c'est aujourd'hui l'heure de
l'affrontement !
Silence et murmures !
Dis-moi que tu m'aimes !
Solitude et tortures !
   Dis-moi que l'oubli ne siège pas dans tes
                veines !
J'ai déjà franchi la rivière
Les cadavres sont encore en vie
Leurs cris, scandent mes pas titubants.
Et scandent mon cœur assoiffé.
Le judas est poussiéreux
Scène morbide de l'écrivain :
Hallucinogène et veines souffrantes
Dehors et son vacarme
Les chaises vides et leurs cancres
Une geôle à l'aube d'un pacte
Ma dernière poésie et son barillet
Le cœur bat encore
Malgré la vie obstruant mes pores
Une rime pour plaire
Dans un train sans quai.
Douce mélodie

Lambeau de chair
J'ai le doigt réfractaire
Sur son sein flatteur.
Je lui ai écrit le vent violent
De la seconde pressante
Le delirium est avare
La fenêtre est ouverte
Douce folie
Amour acéré et vengeur
J'ai du vide et des souhaits.
Vengeresse la polémique
Son dernier sursaut bruyant
Je me suis tût sans marabout.
L'effort n'est pas un brûle-tout !
Une tache de sang sur la ligne d'après
Une âme et sa croyance d'avoir bien fait
Encore mon ponton et mes apnées
Malgré le train et sa course
Ses arrêts et ses quais venimeux
Au fait pourquoi écrire au milieu du monde ?
Pourquoi vouloir,
Et ne pas faire ce qui vous ronge ?
L'âge court
Le lit est affable
Une nuit saupoudre son venin
L'œil vif sur l'aube-récif
Et son visage est encore beau
Le soleil, de jouissance passagère
Catapulte mes secrets sur son ventre.
Le rêve encore Apollon, sèche ses larmes.
Réveil sans une écharde

Café tropical sous un peu de grêle
Sous un drap, ses courbes révoltées
Mes doigts encore tièdes
Reniflent sa sueur séchée par l'horloge.
Que faire d'une ligne supplémentaire
Si la vie n'y siège pas ?
Glisser un sou dans la corbeille
Encore une église à brûler !
Il y a des barreaux qui insultent
Les entrailles esseulées de critiques
Je hais l'ordre et ses instants trou-noir
À bâbord sans un doute
À tribord, de l'eau dans la soute
  Une épouse coincée dans la tourmente du «je
                                              veux »
Ma liberté est un aïeul mort
La cale contre les récifs
Mère me veut vivant pour notre amour.
Instincts en sursis
L'espoir est assis
Cinq syllabes borgnes
Je ne me rends plus à la nuit.
J'ai sculpté dans le vide, ma mémoire
Visages itinérants, brouillard épais
Amours incandescents,
Le pas se perd dans la nuit.
Le pont du miraculé
Le frère sans un mot
Instants sous les pieux du temps
Je suis l'élément manquant
Dans mon cerveau vide.

Encore une gare à peser
Un quai à quémander !
Écrire sous les étoiles
Le bonheur est une table nue,
Une chaise condamnée à être vide
Tu as retenu le toupet du mot vide !
Fais-toi ton propre paradoxe
Je suis un homme tranquille debout
Je rentre chez moi
La solitude à la main
Et le hachoir du bonheur.
Les amoureux se veulent aimants
Se rassurer de pouvoir se plaire.
Dans mes pensées les plus profondes
Les plus accusatrices et perfides
Je t'aime mon amour !
Le poète est derrière les barreaux
Vivre, n'est pas une ville creuse !
Tu le liras ailleurs dans un autre livre.
L'heure approche
Son sourire derrière cette porte
Craintif du temps qui s'écoule
Pèse ma chair et son temps.
Entracte et la nuit qui défile :
Il se réconforte sur les genoux de cette femme
Cheveux grisonnants, elle le dévisage.
Un fils et une mère
Et mon vécu dépendra que de moi.
    Un baiser pour envenimer la poussière de la
                                                     nuit
Je m'endors

Du silence pour qu'elle soit heureuse
Une ampoule,
En ce matin de vent pluvieux.
Mon corps chancelle derrière la fenêtre
Je dois courir
Je dois m'abrutir sur ses flancs
Je dois me lacérer selon mes plans.
Je suis encore debout
Coincé entre deux aisselles
L'horloge brutal sous mes veines, bout.
En cette aube-Cerbère
Où l'étoile est un réverbère cassé.
L'odeur du sang est à craindre.
L'humeur vengeresse est un mea-culpa.
À vive allure,
La vérité et ses eaux bénites
Le mensonge et ses eucharisties
Sur l'autel des sans yeux.
Ma chair et ses accointances
Certaines joviales
D'autres létales
Équilibre malsain
En cette heure de janvier.
Le jour est là
Mélodie scabreuse
Heureuse la maladresse
Fièvre du jour heureux
Paradoxe de l'humain que vous êtes.
Jouissez et haïssez !
De la douleur sur les quais
Le retardataire est en sueurs

La bousculade est tueuse
Meurtri et le suicide est latent
Le siège est vacant
Je dois peindre et je dois vivre
Je dois craindre et servir ?
Faïence et sentence !
J'ai pris du temps à l'écrire
Envies naufragées, rêves usagés
La revendication a peur !
Une heure de résidence
Quelques réminiscences
Le froid entre les vers
Mes doigts et ma terre
Nos hanches dans un coin miteux
J'ai pleuré, ils ne viendront pas !
J'ai encore faim
L'adjectif mental devient létal
Vocabulaire idéal
Le récital de l'ordre
Oh fait ! Le déjeuner fut délicieux !
Parler fait du bien
Arrêt sur image :
Un don d'épaule tordu
La panse pleine, pense
Et le train desservira toutes les gares.
Une porte déboule
La foule est furieuse
Une porte se referme
Le froid égorge
Sa petite attention sur ma nuit passée
L'échappatoire et ses retenues

Révolte de l'homme bon
Du sang et un drapeau
La pelée et ses arcanes
Su son ventre, mon visage
J'ai voulu écrire à l'aube,
Instant où les arbres sont éphémères
Leurs racines palpables.
Une vile pensée
Une énième désolation
Une franche accolade sournoise
Le bonheur et sa gifle téméraire
Suis-je le gardien de ses lampes qui s'éteignent
Et se rallument dans le fœtus du désespoir ?
Oh ciel !
Oh terre !
À toi la sainte insulte
Saltimbanque de mes amours,
Ta main tendue, cette aubaine
Raccourcit mes heures eunuques.
Encore quinze minutes
La ritournelle des mendiants du soleil.
Retrouve-moi le mot meurtri
Pendant que la grisaille retentit
On croise un cimetière
Dans un peu d'économie
Les gens se croisent
Disparaissent dans la pensée-échafaud.
Thérapeute sous un tunnel
Je guette l'humaine tentative
Ne m'attends pas ce soir
Le jour s'en chargera.

Nous sommes tous coupables
Nous sommes tous capables
Pensées instables, dans une nuit catapulte
Temps infâmes
Le soleil se couche les yeux crevés.
Ma fuite boitillante, somnole encore.
Je ne sais plus, Peut-être demain
Solitude fainéante, fatigue vigoureuse.
Ma mère, ma capitale
Son sein, ma terre natale.
Encore l'espoir à quémander ma léthargie.
Luttons et espérons la dîme de l'inconnu !
Mais battons-nous !
Elucubrations sans une goutte de tafia
Mais je reste ivre.
Ah l'ivresse du temps qui rapièce mon corps !
  J'ai caché mon cœur dans les interstices de
            Bandiagara
La haine est un escalier bancal
L'équilibre du coutelas est ma ligne de front.
Le sang est un adversaire coriace
Mes veines et l'estuaire du rien,
Et si tu rencontres la poésie de Man-Toussine
Dis-lui que le poète n'a plus de destinée !
  Et que tous les communs des mortels vivent
              en lui.
Je cours, La mort court
Nous sommes,
Destins qui se croisent.
Je suis à l'échafaud du pain quotidien
Une idée se jette à la fenêtre

Une colombe a franchi le Rubicon
J'ai franchi l'océan,
Ma fille m'a réclamé quand je me suis perdu.
J'ai retrouvé la terre ferme
Les mots savants sont d'aucunes utilités
Regarde-moi et dis-moi !
Que connais-tu de ma fulgurance !
Pleurer est un signe de résistance
Je n'attendrai pas la fin de mon visage éploré
        Pour écrire dans les veines de mon pays empoisonné.
Loin de ma terre, son épiderme est cousu sur mon cœur.
Il y a des barricades et des visages aux arcades ensanglantés
Les coloniaux et leurs écriteaux nauséabonds
La justice est encore docile quand mon poing désigne le coupable.
        Je reviendrai avec la parole-machette de Boukman,
Tranquilliser les esprits trop serviles !
On se verra demain à la frontière
Avec les rescapés du bateau Sans Nom.
Ce n'est plus l'heure du crépuscule !
Ce n'est plus l'heure de l'aube !
Je suis en cavale
La fuite comme récital
Une pensé banale que je n'ai pas vu venir.
Vous verrez souvent le sourire d'une femme
Mais j'ai cherché mon bonheur dans la tranchée de son saltimbanque visage.

Une mélodie, une idée brutale,
Nous dansons à perdre haleine !
Nous allumons, du haut de notre perchoir,
Le mea-culpa endormi du jour d'avant.
Je l'aime comme ce tissu qui brûle !
Il me reste encore des lignes à vivre !
  Encore des manguiers à dépouiller de leurs
             sucs !
Des fuites à agenouiller !
 À toi, lecteur qui pense connaitre mon déboire
             solitaire
  Et qui n'altère en rien ma verticalité quand je
           suis avec toi,
La différence que tu penses avoir déceler,
Se cache dans les mots suivants :
Le monde bouge
Le sang est toujours rouge
La terre tremble
L'humain toujours tectonique
Le coucher de soleil viendra à l'aube.
L'œil avare de solitude
La poussière devient une denrée rare.
Je deviens réfugié de son amour damnée
Je m'apaise dans un rituel poétique
Malgré le vent et ses secrets nauséabonds.
La vigilance devient prudente
Encore une fois, accroche-toi !
La rime ne sera pas sereine
Car la balafre ne fera pas d'elle une reine !
Derrière les murs, des artères sont éventrées
Derrière les murs des pleurs sont consolés

Le soleil se couche quand les bureaux se ferment
Et le bonheur s'aperçoit quand la vie n'est plus.
Bonjour mon ami, le monde bouge.
Je pose le pied par terre
Je mets mon corps sur la table
Et dissèque ma maigre pitance.
Que me voleras-tu ?
J'ose le verbe prendre
Une pièce dans un pot
Une femme et un sourire
Un sourire a du cœur !
Volatile équilibre.
Un groupe verbal contre du métal
Onomatopée ! Mélopée ! Épopée !
Je deviens fou
Le train rentre en gare.
Abidjan est à quelques grains de sable
Arrivée prévue, rue de la poésie
À l'embouchure du baobab,
D'un pilon et d'un grain de mil.
Indicible mot et ton visage
Regarde-moi !
Qu'elle heure est-il !
L'aube et le crépuscule
Ces vieilles reliques,
Ne m'emprisonnent plus !
N'empoisonne pas mes pas !
Tu as gardé la pluie
Tu t'es enfui avec le soleil

Tu es revenu les mains sans une chlorophylle
Tu mes serres dans tes bras.
Ma poésie ?
Mon corps-bombe ?
Mon corps-couteau ?
La solitude récalcitrante enfante
Le fils de l'homme et la femme d'un autre.
Je te parle de poésie ma fille !
De ce cœur d'or qui dort dehors !
Regarde ton père
Versificateur errant
Vociférant les doigts en feu.
Vivre de la poésie n'est plus un leurre.
Regarde mon œil qui brille,
L'espoir abreuvait les corps épuisés.
Le souffle du dernier requiem
Le temps a de l'absinthe à offrir.
Orpheline, le cœur mélanine
Je suis poète !
Vivre est un prêtre vaudou
    Demain est une incantation sur une scène
                                                vide.

Jeux de mots sans espace-temps
Une fleur, une épine
La racine poussera demain.
Elle ne dort plus dans mes bras.
Le vocabulaire de la première heure
Tu crieras si tu le veux !
Doigts courageux !
Je suis à ton coup, cœur intrépide.
Artiste, je ne sais plus !

La postérité m'a-t-il dit !
Le salaire n'existe plus
Et l'émotion sera damnée.
Elle est encore là !
Elle et mon ventre décharné !
Elle et la quête de l'homme isolé.
Je suis,
    Ce que ma mère a posé sur le cœur de mon
                                       père !
La rosée est à boire
Du vide à l'abreuvoir
Il y a du soleil sur tes lèvres
Le crépuscule s'acharne sur nos plèvres
Mélopée du jour et la torture d'une pluie.
Ton corps somnole, la solitude range sa suie
Le désir est affamé, mes mains sans tes pores
Génuflexion d'un homme,
Apôtre de tes « pas encore ! ».
Pierres après pierres, minutes après minutes
    La seconde s'est jetée dans la gueule de nos
                                       disputes.
Les rimes sont embrassées.
Mon âme est incomplète
Que diriez-vous d'une main esthète ?
À califourchon sur le ventre du destin
J'ai attendu tes petits matins.
À cet instant, je deviens vieux
Mes yeux et tes cieux
L'univers est enceint
Jouvence et mes saints
Une prière sans un verset !

Mon verre d'alcool est assis sur votre corset.
Rêve sous une chlorophylle avarié
Vos envies pour mes pas altérés
À cet instant je deviens une divinité.
Je suis de papier et d'encre entêtée
J'ai rêvé de vous et je vous épie !
La poussière de vos pas, j'en suis épris
Seul devant vous, ma solitude est engagée !
Prolixe votre peau contre mes mornes
    Unissons nos vérités dans une bonté hors
                              norme.
Vous et moi, toi et nos insistances.
Je n'ai toujours pas votre voix
J'ai vu ce trône sans roi
J'ai croisé ma poésie sans vous
Mon corps est mien, je me dévoue !
J'hésite à prendre vos phalanges
Il y a du bruit sur mon courage.
Je défie mes silences
Je convoque votre sentence
J'ai pesé votre courroux et ses intimes.
Plaisir obsolète,
J'ai eu peur de l'abîme
Vous avez de l'espoir, du bleu et du vert
Je me tais, je m'enivre, je me sers.
Qui craindre à part nos volontés insoumises ?
    Devant vous, l'étranger marmonne à votre
                              guise.
À ces rimes nouées, à mon corps morcelé
Le vocabulaire de votre passé écartelé
Beauté sans lendemain

Quand l'espoir quittera mes mains.
Hier, errance et oisiveté
Hier, folie dans une nuit entêtée.
Le crépuscule était condamnable
L'aube, loin d'être aimable
Le milieu du jour est sans mon aïeul
Oh soleil ! Ton cadavre est en feu !
Excusez mes égarements,
C'est juste pour vous retrouver sereinement.
Voyez l'homme devant vous, peut être esthète
Cache-moi sous ta peau secrète !
J'ai eu des rêves lugubres sans votre être
Je vis reclus en attendant le verbe naître
Égayer la brise du soir
La rosée sera à boire !
Quand vous-ai-je vu pour la première fois ?
Il y avait une église, un banc et un peu de foi
    Je vous ai suivi jusque sur mes mornes
                                      inconnus,
J'avoue que je vous ai vu nue.
Petite phrase qui mérite votre sainte pensée !
    J'avoue que votre corps lointain m'était
                                       insensé
Je vous ai rêvé nu
Je me suis retenu
Je me suis isolé
La brume épaisse est à inhaler.
    Devant vous, le petit garçon d'une mère
                                 dévote
Loin de vous, mon cœur dans une excavation.
Il me reste quelques lignes joyeuses

Sur cette feuille presque vide et hideuse.
Le sang de l'encre qui coule
Sentez-vous ce vent qui roule ?
Deux larmes récalcitrantes
Sur vos paupières incandescentes.
Mon corps, une saison sèche
La rivière du sans-un-sourire
Le silence du verbe dire
On vient de faire jouir le verbe vivre.
Gesticuler, la vie à la main
Le rendu de monnaie est inexact.
Résidence et corps à corps
Je ne sais plus, puis je sais
Soubresauts égorgés
Quelques neurones marmonnent.
Le feu a l'œil vif,
           À quelques millimètres de la main qui
                          souhaite.
Ensemble dans une nuit-carême
Le baiser du jour, la lèvre froide
La quête du verbe prendre
À flots perdus, je te retrouve.
Terres déjà conquises
Leurs poids n'ont rien de kilogrammes,
Regards dictateurs, le coutelas exécrable
La mandibule ; le logos creuse
La foule, ma foule, je noie ma houle.
Je veux être à la table de ceux qui existent
Donnez-moi un verre de rhum !
Tais-toi et bois !
Prochaine gare d'arrêt

Je prendrai soin de tout mon soûl !
Exigence de ma folie : Oublier et se plier.
Le poète ne sait pas tout
Il désosse, rien après rien.
La chaleur de mon pas-encore-vécu
Poète humain et la rime-doigt
L'ivresse de se livrer
À quai !
Entracte de l'acte anodin
Je ne connais pas son visage.
      J'ai déjà écrit son prénom sur une feuille
                                    volage
Il n'y a plus d'épaule pour se souvenir
Horizon sans une arête vorace de solitude,
Prière récalcitrante !
Ses pas trient son cœur hagard
Le sommeil attendra son psaume.
La bouche éventrée
J'ai reçu l'hostie de la sainte misère,
Cœurs sous sérum, croyance au balcon
Les doigts teintés d'encre,
Une page innocente est pendue.
Rêve le temps d'un week-end
Balbutie tes doux relents révoltés.
Un pan de bois savoure leur certitude
Sois bon sans un pli !
À quai ! La ferraille séquestre la chair
Les rails de la liberté nourrissent ma cervelle.
J'y suis et ils dorment
Le temps délie.
J'implore ces points lumineux

L'âme en pointillé, vanillé l'instant soudain !
Ma mère et son café matinal
Une chaise et une accolade
Complainte des choses à faire :
Courages et pitances
Cette femme à du courage
        L'âme en pointillé, cravacher l'instant
                              soudain !
Le corps en sursis, cou matraqué
Posture incorrigible.
Dors ou sois un être courbé !
L'heure devient sauvage
Mange ! Dors et ronfle !
La foule des heures
Opium de leurres
Prochain sursaut, le tri de l'aube
La phalange du désert aride
Intimes conversations
Premier pamphlet inachevé
L'instant et une lame divertissante
Le quai est de métal
Le froid est intense
Arrivé, et la gare n'est pas une chlorophylle !
Le sifflet du départ
Une pièce à donner
Je suis pauvre
L'âme dévore.
Le corps perfore le rien
Va et vient incessant du bourreau vers
l'échafaud
Elle m'a réclamé un verre d'alcool

Ses petits secrets sous un pli de mes pas
Elle m'a réclamé un vers,
Deux rimes !
J'ai embrassé mon verre sous ses hanches
J'ai fouetté ma solitude loin de ses habits.
Le verbe jouir est un piètre boxeur.
À califourchon sur le verbe haïr
J'ai aimé mes cachotteries
Saigner n'était qu'un soupir !
        Rêver avec mes doigts qui ont touchés le
                              paradis
Fermeture des portes
Lumineuse aube
Réverbères cassés
Réveil près d'une nuit fatiguée
L'amante est à l'affût
Son corps m'envenime
Je paie ma dîme.
Tu ferais quoi sans un toit ?
Je peins une énième toile
Une énième semence à craindre
Un énième visage à épousseter
Je vis sous trois heures.
L'œil s'essuie contre le temps qui passe
Mes mornes, ma mère, mon frère
Je n'esquive plus cet amour
La distance n'est que piment de l'âme.
           Je vous retrouverai blottit contre mon
                              impatience
Ici, l'homme heureux est à ignorer !
Heureux celui qui meurt la médaille au corps !

Banni, l'homme qui s'exécute
Carpe Diem n'est qu'une vaine pensée
Juste une céleste ligne dans leurs creux.
Jour sans folie, ni bousculade, sans cascades
La flûte des mornes ensorcelle
Le madras cautérise ma veine.
Vivre !
Le mot révolutionnaire sous le mépris humain
La trotteuse mesure
Mon tambour rassure
Sermonne l'heure mûre.
À l'arrêt et en sueur !
Il pleut !
Un crépuscule mêlé de buée.
La route est longue
Le sable du mauvais temps dans la gueule
Mon art, cet art, corps et poison
Je suis heureux devant l'infini indompté !
Du rouge pour cet incident
Du bleu contre l'incompris.
Petite crémaillère,
Point d'amoureux, elle n'en a pas parlé.
Scénario de la bête atrophiée
Réconciliation sous un étau
Première semence
Adolescence sous une pleine lune
Elle n'a pas pu
Dernière séquence
Je n'ai eu aucune lune à mon chevet !
Souffle de la main muette
Morne enflé de mélodies désuètes

Corps de la veuve-semence
Amour d'un fils et le poids du soleil.
La marche de l'homme abattu
Un frère, la parole est aliénée
Je suis la pierre sur un visage
Je suis le sang de la veine partit trop tôt
À l'embouchure du baiser de cette femme
J'ai cru au retour de mon père.
La vérité mendie au coin d'une rue
Heureux le train qui rentre en gare
Acte de bravoure d'un sourire ravagé
Étranger, étrangère, éphémère soupçon
Que la paix soit avec vous !
Le train n'est plus !
Je vais et je viens d'un pas-précipice
    Regarde tes doigts petite femme de mes
                                   mornes
Je te ferai l'amour sous un soleil fou
Pardonne mon fugace village entre tes reins !
Le rhum s'est bu à grande gorgée.
J'ai bu, je boirai mon âme
Joie d'une seconde.
Je suis heureux la bague au doigt
    Et je parlerai de mes doigts sur son corps-
                                   abîme.
    Je suis revenu joyeux avec le silence d'une
                                   autre
Que dire, la balance n'a plus d'aiguille
Corps d'argile sous un pénombre bruyante,
  Je te pincerai les bouts de tes seins dans une
                                nuit-sorcière

La bête garde son œil brillant sur votre cœur
Je plongerai vos hanches
Sous mes brumes pesantes.
Jus de goyave
Ce jour était beau et atroce
Père ! Mère est entrain de prier !

-

DIVERS

Et somnole la terre fendue
Nos pas
Les rideaux et l'appât.
La convulsion de l'inattendu
Et somnole la terre fendue.
Je suis le pouvoir de la nuit aveugle
Voilà le manoir du jour qui beugle.
Dans l'errance de l'inconnu
Un bras me tend le demi-jour nu.
L'escalade de la phalange délétère
La forêt de nos amours réitère
La poignée de main endolorie.
Distances dépecées !
Crevasses enlacées !
Palpitations calcinées !
Un peu d'amour et de haine déracinées !
Et somnole la terre fendue.
Elle est où notre terre ?
Connais-tu nos frontières ?
Quel est ce mal qui te ronge ?
Je n'ai point de mauvais songe !
Il y a des soleils tueurs de sens
Une lune traversée à contresens,
Je t'aime de toute ma sueur !
Et somnole la terre fendue.

La poésie a du cœur
Dans tes yeux équarrisseurs !
Je suis un peut-être humain à tes yeux !
Je suis une moitié sans espérance pour tes cieux !

Mais le griot et notre désert,
Nos voix auront leurs desserts.
Soyons heureux au petit matin !
Broyons les doutes et leurs festins !
L'encens de nos écarts
Le balai de l'aube-dard,
Et somnole la terre fendue.
Mes cors et leurs parcours
Nos corps et leurs spasmes sourds
La tétée de nos libertés
Le sein est à hydrater !
Parle-moi encore de ton, qui-es-tu !
Regarde-moi, je ne suis pas têtu !
Demain est une belle aubaine
Et ce jour n'est pas une proie lointaine.
Je suis l'instant
Tends-moi ton temps !
L'espace est à aimer
Et nous l'avons réclamé !
Ta main et ma veine !
La multiplication ne sera pas vaine
Et somnole la terre fendue.

Enième Soif

Même si notre rencontre n'est pas assoiffée
Je viendrai toujours de ma terre natale.
Désert de Gambie !
Le soleil n'a pas besoin d'alibi.
Une rime pour t'ensorceler
Ma ville est à l'autre bout de ton cœur.
Aimez-moi avant que la terre craquèle !
Pardonnez-moi pendant que le vent dort dehors !
Errance et croyance, la pensée du désaveu.
J'escalade la mélodie endormie
Notre amour est entamée
Le cœur n'a rien à craindre.
Ma peau, cette rafale de vent
Mérite La peau du tambour.
Viens ! Mais surtout ne crois pas en moi !
La falaise de Bandiagara fera naufrage
Le bateau sans nom sera son rivage.
J'escalade ton visage
Je deviens rescapé.
Du sang dans les arcanes
De la paix dans les griffes du soleil
Une terre qui brûle,
Notre rencontre est assoiffée.

La Différence

Dans la matrice du verbe vivre
Il y a des mots qui vous percutent
Et des mains qui vous crèvent une joue
J'ai erré dans le nan-nan du soleil
Á balayer mes étourderies nocturnes
Au bout de mes doigts, le mot taciturne
        Au bout de ton sourire, la chaleur qui se
                                    cherche.
J'ai eu peur que ton cœur ne s'épuise
J'ai assoiffé mon envie de te connaitre
Sur le rivage de nos hésitations en mal-être
Une goutte de mon ciel bleu sur tes barricades
  Un pavé de paix que tu renvoies à nos futures
                                    marches
Te rappelles-tu ces hommes-dortoirs
Et notre amour pour la liberté ?
Te rappelles-tu nos vérités révolutionnaires
        Écorchées sous les pas de cet orateur
                                  mortifère ?
  Ils nous ont dispersés sur la boussole de leurs
                                  beuveries
        En éventrant les entrailles de ma terre en
                                    friche.
J'ai pointé le doigt sur ta colère
Mais j'ai aimé nos belles semences
Je suis en haut de la tour des jugements
Je suis à l'échafaud des on-dit
Le bourreau m'a accusé de ne pas être lui

De ne pas être la somme de ses acides tourments.
Donne-moi ta main pour que je cueille mon sourire
Sous la torche de nos différences à venir
Je suis un possible pour tes impossibles
Le rien ne doit pas être une cible.
Je cueille le jour à califourchon sur le sein de la liberté
Je cueille tes mains tendues malgré nos incompréhensions entêtées
C'est ton jour qui s'enfuit et c'est ma nuit qui nous retient
C'est un peu de ton velours quand ma haine te fait front
J'ai dû croiser son regard pressé près de ta joie en rut,
Mais l'estuaire du rien ne convoquera jamais nos cœurs conquérants.
Je me rends à notre rendez-vous le cœur en chair.
Et toi ?
Dis-moi que tu seras là avec ta main tendue.
Sous la pluie de nos futures sueurs !
Moi je t'attendrai !

Insatiable

Ma foule
Mes houles
Ma solitude
Mes latitudes
Veines liquéfiées
Liberté atrophiée
Liqueurs humaines
La frontière n'est plus saine
Les barbelés dans la gueule du jour
Le sang allaite le sein et nos contours.
Je t'aime mon ami, amour de la seconde
Entre toi et moi, les péchés abondent.

Âmes tendues,
Nos corps se sont rendus
Sur une lave qui nous était due.
Rends-moi la pièce que je te dois !

Un baiser de bienvenue
Des salutations moribondes.
Le conte et son esquisse
Nous étions fléchis près du même sérum
Abondance d'insolences
Une once d'estime dans le cœur
Le départ fut succinct
Quelques éclats au carrefour de l'inattendue
 La brise et son soleil ardent La paix est encore
                                brûlante.

Le verbe vouloir
Le bras du verbe soumettre
La poussière du verbe aimer
L'étreinte d'un on-dit
Cajoler une idée qui s'étiole
Un petit bout de rien
Le rêve-faïence est encore fragile.
Le réveil incertain sera très agile.

La rafale de vent
Un peu de terre dans l'œil.
Le divin et ses errances
Dans la gueule du paradis
L'enfer n'a aucune tragédie en offrande
Vivre et ses artères inconsolables.

En haut de la tour
En dessous des atermoiements
L'équilibre est fragile
Sois bon sans un pli !
Extraction !
Jubilation !
Abcès !
Extorsion !
Humaniste cannibale, Je suis.

Je suis
Un peu de suie
Que ta différence essuie.
Je suis à la hauteur de mes actes.

Des aubes et des crépuscules
Leurs débris dans la gueule de l'instant
Joie téméraire
Corps réfractaires
Le miroir est atroce.

Le poids de ma chair
Un cri sans air
L'étau et l'incompris.

Insatiable désir
Dans la tornade du verbe vouloir,
Donne-moi la main !
Le bestial ne dort plus !

Dame liberté,
Donnez-moi un sein !
La veine est encore sèche.
L'errance de l'homme bon.

Et ma patrie est encore sans terre !
Quelques élucubrations de nos émois,
La morale aura bon goût.

FAIM